AF593231

Jardin secret de famille

Loïc Stock

Jardin secret de famille

ISBN : 979-10-422-0463-1

À

Mon fils Sylvain Stock

Et sa mère

Ainsi qu'à Frédéric Stock, mon neveu

Avant-propos

J'ai été élevé par ma mère dans le mythe de ces personnages célèbres que furent mon grand-père PV STOCK qui fonda la maison d'édition qui porte toujours son nom, notre nom, depuis plus d'un siècle et mon père JP STOCK qui fut un grand sportif champion olympique (Paris 1924 en aviron) certes moins célèbre que son père, mais que notre mère portait aux nues et citait en glorieux exemple à mon frère et moi.

Il est mort loin d'ici au Venezuela alors que je n'avais que trois ans. Mon grand-père, lui, est mort après la guerre (39-40), juste avant ma naissance.

Je n'ai de ces grands Stock que des souvenirs confus faits pour mon père de récits et de photos de famille, de coupures de presse (le miroir du sport, et la presse people), et pour mon grand-père, les souvenirs touchants racontés par sa belle-fille, ma mère, et de nombreux écrits autobiographiques (dont trois volumes : Mémorandum d'un Éditeur) et quelques mètres linéaires de reliures en cuir de ses éditions les plus précieuses.

Ce n'est que très tard dans ma vie que j'ai fait référence à cette filiation, seuls quelques proches savent aujourd'hui. Handicapé par une dyslexie accablante, incapable d'écrire trois mots sans faute d'orthographe, écrasé par le poids d'une bibliothèque familiale monstrueuse, ceint d'une mère et de femmes dévoreuses de livres, moi, jardinier paysagiste de mon état, je ne me sentais pas, dans le domaine littéraire, le digne héritier de cette lignée : un complexe inavoué et douloureux, comme un petit chancre au collet de ce rejeton que j'étais et qui devait cependant s'épanouir sur des racines si nobles dans un terreau des plus fertiles amandé par l'amour et l'intelligence d'une mère Madeleine Stock, femme d'exception digne, elle, de cette lignée.

La découverte plus tard des joies de la lecture et de la littérature m'a guéri du petit chancre de jeunesse sans recours à une thérapie (bouillie bordelaise) et m'a armé pour soigner biologiquement, grâce à l'écriture comme pansement, une blessure infligée plus tard dans ma vie, par la révélation d'un secret des plus incompréhensible. Ce récit est un challenge, une forme de revanche, pour le petit Stock d'antan, aux prises avec sa dyslexie et sa filiation.

Dès lors ce titre abscons *Jardin secret de famille* prend du sens…

La présentation des personnages, à travers le regard candide d'un enfant, peut paraître puérile alors qu'elle est feinte… et tromperie, comme furent leurs vies.

Première partie

I
P. V. Stock mon grand-père

J'ai reçu le 6 juin 1941 de ***la banque de France*** *une lettre datée du 5 juin, par laquelle j'étais invité à me rendre chez elle pour y justifier que je n'étais pas Israélite et cela avant le 12 juin, faute de quoi mon compte serait « bloqué ».*

Je me suis rendu à cette convocation le 9 juin, et lui ai remis une note succincte de mon « curriculum vitae » et lui ai soumis certains documents : mon acte de baptême du Juillet 1861 (il y a 80 ans), mon acte de première communion en 1874 (il y a 67 ans) et aussi mon certificat d'études qui indique qu'en Juillet 1874 j'étais un élève des congréganistes ; montré également les lettres de faire-part de décès des miens, dans lesquelles aucun nom juif ne figure, mais ceux de ma famille (parents directs ou alliés, nom essentiellement français : Tailleur, Germain, Ballot, Benard, Janin, Masson, Beaudoin, Clément Jacquin, Andrieux, Martin, Matoret, Cuir, Tresse, Marcherat, Desgrange, Fievet, Constant, Exartier, Guérin, Sapin, Girardin, Vaillant, Willaume, Pierson, Dorvoult, Périquet, etc.

En sus de cette note, j'ai laissé un exemplaire de mon Histoire anecdotique de l'Affaire Dreyfus, en indiquant les passages qui ont trait à cette question juive en ce qui me concerne.

Et aussi la déclaration écrite et signée – qui m'était demandée sous la foi du serment, que je n'étais pas juif, ni aucun des miens, et qu'au cours des 300 ans années probables de présence des miens en France, jamais ni un juif, ni une juive, ne sont entrés dans notre famille essentiellement catholique.

Je dois ajouter que mes deux enfants n'appartiennent à aucune religion ; j'ai cru devoir leur laisser la possibilité d'en choisir une lorsqu'ils auraient l'âge de raison. Moi, j'ai été baptisé deux jours après ma naissance, et je trouve tout à fait arbitraire d'imposer une religion à un être encore inconscient.

C'est cette mise en demeure de **la Banque de France** *d'avoir à justifier que je n'étais pas juif qui m'a donné l'idée d'écrire cette note pour mes deux enfants, afin qu'ils connaissent l'histoire de notre famille.*

J'ajoute que, au-delà de ses enfants, aujourd'hui (2021) son petit-fils – moi-même – hérite de ce document écrit de la main de mon grand-père, heureusement sauvegardé par mes parents. Ces derniers ne me l'ont jamais montré. Je l'ai trouvé en fouillant dans les tiroirs. Les 8 pages suivantes du manuscrit de mon grand-père, plus anecdotiques, racontent l'histoire de la famille depuis 300 ans. De quoi sceller une famille ; ce que je tente de poursuivre… Mais certaines de mes révélations ne risquent-elles pas au contraire de l'ébranler ?

Cette première page est d'autant plus émouvante qu'il s'agissait pour mon grand-père de sauver sa peau. À 80 ans P. V. Stock fait preuve d'une formidable lucidité. Il a lui-même souligné *BANQUE DE FRANCE* pour manifester son indignation et nous rappeler que ce n'était pas la Gestapo qui traquait directement les juifs. Aucun doute, avec l'âge, il n'était pas devenu pétainiste. Son engagement dans l'Affaire Dreyfus le poursuivait et avait certainement éveillé les soupçons de la Gestapo que les collaborateurs du gouvernement de Vichy alimentaient en archives compromettantes.

Ainsi j'ai enfin appris l'origine du nom Stock que l'on rencontre aussi bien dans les langues germaniques, scandinaves, et anglo-saxonnes. L'origine des Stock serait écossaise et remontrait à 300 ans quand un émigré catholique, sous les Stuart, pourchassé par les protestants serait venu s'installer en France dans l'Est du côté d'un village nommé Burtancourt où il créa la branche française.

Quant au grand-père Pierre Victor Stock il est né le 22 juillet 1861 à Paris. Son père était loueur de voiture de place (fiacres et autres), lequel est mort alors que lui n'avait que 8 ans. S'en suivit une succession de tuteurs et subrogé-tuteurs plus ou moins véreux qui obligea P. V. à se débrouiller seul dans la vie. Il travaille comme coursier dans la librairie de sa cousine Tresse, et poursuit des études très rudimentaires (certificat d'études) aux cours du soir chez les frères des Écoles Chrétiennes. Pendant cette période il passe ses nuits à lire non pas pour se distraire, mais pour « apprendre et connaître », selon ses propres mots.

Bon pour le service, il a été exempté comme soutien de famille (sa petite sœur qu'il eut à sa charge 10 ans, jusqu'au mariage de celle-ci). Il n'a porté l'habit militaire que quelques semaines, ce qui, je pense, n'a pas dû le contrarier.

À 24 ans il doit s'associer à Mme Tresse en difficultés financières dues aux escroqueries de son mari. En 1896 il exige la dissolution de la Société Tresse & Stock. La librairie Stock est vendue aux enchères et il peut enfin se porter acquéreur grâce au soutien de quelques auteurs et artistes. La librairie est alors située sous les arcades du Théâtre français (évoquées par Balzac dans « Les Illusions Perdues »). En 1900, après l'incendie du Théâtre français, la librairie Stock quitte les lieux provisoirement pour se réfugier rue Richelieu. En 1906 elle retourne en quelque sorte à ses origines (1710 Duchesnes & Dabo ; 1790 **J.**N Barba) et s'installe en face, place du Théâtre français. Il ouvre une magnifique boutique de style moderne où il vend les livres des autres et développe sa propre maison d'édition.

Originellement spécialisé dans les œuvres dramatiques (lié à l'emplacement), il prolonge le travail de ses prédécesseurs (Savine et Joseph Tresse) et y adjoint un catalogue dont l'éclectisme a fait la réputation, toujours la même aujourd'hui, de la maison. Je n'énumérerai pas ici l'ensemble de ses publications, d'autres l'on fait avant moi. Je m'autoriserai seulement à évoquer ses choix révélateurs de sa personnalité et pourquoi pas, à me trouver des ressemblances avec mon grand-père. Loin de moi l'idée que ses autres publications puissent être purement mercantiles ; ce n'était pas vraiment le style du bonhomme. Loin de moi aussi toutes prétentions à me comparer à ce grand personnage que je regretterai toujours de n'avoir pas connu, comme aucun de mes grands-parents.

Il me reste un bon nombre de souvenirs de lui en tant que seul héritier de deuxième génération (mon frère ne s'y est jamais intéressé) que ma mère et ma tante, toutes deux prénommées Madeleine Stock, m'ont légué avec des sentiments divers.

Question souvenir, on a les Madeleines qu'on peut !

Rien de grande valeur si ce n'est sentimental. Des lettres de correspondance, des manuscrits de sa propre main, de très nombreuses photos étonnantes pour l'époque (1900), de très jolis meubles anciens et leurs bibelots, des séries de gravures, illustrations d'éditions, ses écrits publiés, sa bibliothèque et des tableaux.

Parmi les tableaux il en est deux auxquels je suis particulièrement attaché et que ma mère qui avait beaucoup de goût et faisait peu de sentimentalisme avait courageusement trimbalés de déménagement en déménagement. Je les ai toujours connus aux murs du séjour, il s'agit de deux huiles particulièrement réussies des quais de seine à Paris d'une facture et d'une composition qui supplantent des Marquet et Utrillo de la même époque. Ils sont dédicacés, en bas à droite « à monsieur P. V. Stock » et signés V. Muller. Après bien des intrigues, mais sans le souci de les vendre bien sûr, j'ai recherché par curiosité, qui pouvait être ce V Muller qui avait bien connu mon grand-père. J'ai trouvé dans le « Mémorandum d'un éditeur » premier tome, confessions de mon grand-père, publié en 1935 par les éditions Stock tenues à l'époque par Delamain & Boutello, les dignes successeurs du papi. Les frères Muller étaient les secrétaires de P. V. Stock du temps de sa splendeur. Il y raconte de façon amusante que Valéry séchait souvent pour aller peindre sur les bords de Marne et se faisait remplacer par son frère Charles et qu'il était assurément plus doué pour la peinture que pour le secrétariat. Au vu de ce que j'ai sous les yeux, je le confirme. Il ferait peut-être partie de l'école de Rouen. Les dévoués frères Muller ont écrit une biographie de P. V. Stock qu'il a ajouté en postface de son livre et qui m'éclaire aujourd'hui sur sa carrière d'éditeur.

J'ai aussi deux petites huiles, scènes villageoises au pied d'une église signées du peintre Louis Chevalier dont je viens de comprendre qu'il avait été le témoin de ma grand-mère lors de son mariage avec P. V. Je n'arrive pas à situer le paysage. Le témoin de mon grand-père était Lucien Décaves.

Eh bien, j'ai de ce dernier un souvenir monstrueux, trouvé au fond d'un tiroir. P. V. avait publié en 1890 « Sous Offs » un livre franchement antimilitariste de L. Décaves qui lui valut de passer en cour d'assises. Mais le livre eut un tel succès (30 000 exemplaires vendus) qu'il en tira quelques aisances provisoires pour poursuivre sa vocation de pourfendeur du bien-pensant. Au fond de ce tiroir donc, il y avait soigneusement emballé (par je ne sais qui, tellement c'est gros) dans un solide carton une lettre bourrée d'injures maculée de merde, aujourd'hui sèche, mentionnée d'origine catalane d'un détracteur, véritable sous off. du sud-ouest, adressée à Décaves à Paris, finalement atterrie dans la boîte de l'éditeur. Il l'a conservée en souvenir et toute la famille aussi, pendant plus d'un siècle.

À chacun ses madeleines !

Plus je progresse dans ce portrait, mieux je découvre ce grand-père, plus je me sens proche. De l'humour teinté d'un peu de grivoiserie n'enlève rien au sérieux et à l'engagement. Et pour clore sur ce chapitre gaulois, je suis tombé sur une carte de menu du vingt-sixième dîner du vendredi 2O décembre 1935 de la confrérie des Bâtons de Chaise (dont il était certainement membre) pour fêter la canonisation du Père Dupanloup illustrée d'une caricature digne de notre Charlie Hebdo d'aujourd'hui. Juste un engagement anticlérical, qui n'est pas pour me déplaire non plus.

Mon grand-père était un homme sérieux, éditeur au sens propre du terme, il avait à cœur d'offrir une tribune à des penseurs marginaux (qui ne le sont pas restés, grâce à lui), de faire entendre leur parole et de légitimer des mouvements de pensée jusqu'alors peu ou pas reconnus, muselés et sans porte-voix. Il créa ainsi deux bibliothèques novatrices : « Recherches Sociales » et « Anarchistes ». Il pouvait avec opiniâtreté mettre 20 ans à écouler 1000 exemplaires d'un auteur qu'il soutenait avec souvent beaucoup de générosité sans trop de souci de rentabilité ; ce qui le perdra.

Dans ses « Mémorandum d'un éditeur » où il rapporte de façon anecdotique ses entretiens épistolaires avec bon nombre d'auteurs, on découvre le revers de la médaille, des auteurs dans la misère en quête du moindre sou, l'ingratitude des uns (poursuite devant les tribunaux, menaces de mort, tromperies…) et la reconnaissance des autres. J'ai été surpris par le caractère très amical de la plupart de leurs relations. Celle avec Louise Michel m'a particulièrement ému.

Voici ce qu'il écrit ;

« Entre-temps, nos relations s'étaient faites plus intimes et à fréquenter la "Pétroleuse", elle était devenue mon amie. Je n'avais pu résister à la bonté inouïe de cette femme, et la légende défavorable dont mon cerveau, à son égard, était imprégné s'était vite dissipée à sa fréquentation. Son altruisme était invraisemblable et sa charité envers tous les miséreux – animaux compris – était incroyable. Elle n'avait rien à soi ; sur son chemin, elle distribuait tout ce qui était sur elle ; elle donnait à qui lui semblait plus miséreux qu'elle ses quelques francs, son parapluie et si sa compagne ne l'avait protégée contre elle-même, elle serait rentrée, sa journée achevée, dans sa piètre demeure, absolument dépouillée de tout ce qui la vêtait le matin. Partie avec une robe neuve, elle revint en jupon de St Etienne ; n'ayant plus rien à distribuer, elle l'avait donnée à plus nécessiteuse qu'elle… »

Il raconte encore « … La Vierge Rouge était à ce moment à St Lazare purgeant une peine de six ans de prison. Sa mère agonisait dans un garni du boulevard Ornano ; on lui refusa la permission d'aller l'embrasser une dernière fois. Cependant, devant l'indignation des journaux, on l'autorisa à assister au convoi, et c'est encadré par deux agents de la Sûreté qu'elle accompagna au cimetière de Levallois celle qu'elle appelait "maman" et qu'elle chérissait tant ».

Il raconte aussi ; « L'enterrement à Paris de Louise Michel fut une chose inouïe, et, sans les brutalités révoltantes de la police qui étaient de règle à cette époque, c'eut été grandiose. Aux funérailles d'Emile de Girardin et celles de Gambetta, il y eut des foules considérables. Ces foules n'étaient rien, comparées à celle qui a suivi le convoi (de dernière classe) de Louise Michel, ou qui a fait la haie sur le parcours de la gare de Lyon à Levallois ».

Elle lui dédicace son livre « La Commune » de cette façon « bon souvenir et amitiés à l'éditeur des anarchistes, monsieur Stock ».

Et puis il dévoile un curieux secret autour de la naissance de Louise. Sa mère Marianne Michel était femme de chambre d'une délicieuse châtelaine, et toute la famille Michel à son service depuis plusieurs générations. Elle était née au château comme ses cinq frères et sœurs et élevée en même temps que le fils et la fille des châtelains. Marianne Michel qui était très avenante (contrairement à sa fille Louise) devint grosse et déclara que c'était du fils de la maison. Il fut aussitôt éloigné du château. En vérité le père (de Louise donc) était en fait le châtelain. Mais les Michel ne voulurent jamais faire de peine à leur châtelaine que son mari avait trompée avec la jolie domestique et firent endosser la faute au fils de la maison.

Il est des naissances à deux versions, l'officielle et l'officieuse. Touchante manière de cacher à un enfant la véritable identité de son père !

La vie d'écrivain à cette époque paraît bien difficile à travers les récits d'un éditeur. Il consacre ainsi deux volumes de 300 pages à leur rencontre. Louise Michel est la seule femme. Le monde de l'édition, à mi-chemin du monde des affaires et la littérature, est d'une âpreté toute masculine ; grand-père finira plus tard par s'y perdre. En attendant, il travaille dur, poursuit la publication des auteurs maison : Courteline, Moreas, Barbey d'Aurevilly, Becque, Descaves, Huismans pour lequel il produit le règlement de l'Académie Goncourt et participe aux premières délibérations. Outre les anarchistes du monde entier (Bakounine, Kropotkine…), il crée la Bibliothèque Cosmopolite, traduit et publie Tolstoï (œuvre complète, 1903), Kipling, Wilde, Ibsen…

Le troisième volume de ses mémoires est entièrement consacré à l'Affaire Dreyfus. Il me plaît d'y revenir en ce moment où l'on voit réapparaître au grand jour les thèses antisémites, ségrégationnistes, racistes, nationalistes et complotistes. Ce dernier mot n'existait pas alors. Dans le Larousse illustré d'époque (7 +1 volumes reliés cuir) qui me vient de mon grand-père, on ne trouve que « comploteur » qui n'a pas du tout le même sens. On aurait seulement pu dire que les comploteurs étaient ceux qui avaient fait condamner Dreyfus, les complotistes auraient été les Dreyfusards qui dénonçaient un complot ; sauf que pour une fois les complotistes auraient eu raison.

Le substantif « intellectuel » qui date très précisément de l'affaire Dreyfus ne figure pas non plus dans le même dico (il n'y a que l'adjectif). C'est ainsi qu'étaient nommés (et non qualifiés) ces messieurs à chapeau melon, tout de noir vêtus qui, au nom de « liberté égalité fraternité » avaient l'outrecuidance de demander à la justice militaire d'être juste. Je ne pense pas que le mot ait eu la connotation péjorative (intello) qu'on lui attribue de nos jours ; mais je n'en suis pas sûr.

Je me suis également interrogé sur le terme « révisionniste » couramment usité dans le livre en cette période de procès. Voir P. V. Stock traiter ses compagnons de lutte de « révisionnistes » m'a interpellé ; l'usage courant aujourd'hui revêt un caractère si négatif évoquant le « négativisme » et le « négationniste ». Et bien pas du tout, pendant l'affaire Dreyfus, les révisionnistes étaient tout simplement les plus virulents partisans de la révision du premier procès (ce sens est toujours accepté de nos jours dans les palais de justice).

Mon grand-père était donc un intello révisionniste ?

P. V. Stock était un Dreyfusard de la première heure. Convaincu de l'innocence de Dreyfus alors condamné, dégradé et incarcéré à Cayenne, il publie aux côtés de Bernard Lazare « vérité sur l'affaire Dreyfus », « comment on condamne un innocent », etc. Après le fameux « J'accuse » de Zola dans l'Aurore, la France se scinde en deux, les Dreyfusards et les antis et Stock est l'éditeur des premiers (Clemenceau, Labori, Reinach, Travieux...). Il est menacé et reçoit les pires insultes, mais persévère, soutient et protège physiquement même le colonel Picard lors de ses déplacements. Il l'accompagne au procès de Rennes, avec tous les Dreyfusards de l'auberge « les trois marches ». Le procès en révision ne fait pas céder la grande muette. Mais sous la pression il sera gracié 10 jours plus tard. Stock sort de « L'affaire » déçu et au bord de la ruine. Il raconte avec amertume qu'aucun riche Dreyfusard (banquiers juifs) ne l'avait aidé. Il égratigne, avec dérision cette fois, tous ceux qui étaient venus au début de l'affaire lui demander d'éditer leurs écrits Dreyfusards en lui demandant toutefois de les signer d'un pseudonyme. Les mêmes étaient venus après la réhabilitation lui demander de rétablir leur véritable identité, il avait refusé…

Voilà ce que l'on pouvait lire plus récemment, sous la plume de Dominique Durand dans le Canard Enchaîné (mercredi 2 mars 1994).

« En 1904 Stock mettra au pilon à peu près cent mille kilos de bouquins et de brochures concernant l'Affaire Dreyfus » qui lui aura pris cinq ans de sa vie, et l'aura sans doute ruiné… Après la grâce de Dreyfus (Stock était dans le cabinet de Clemenceau, à l'Aurore lorsqu'on en débattit !) et avoir publié 129 ouvrages sur l'Affaire, Stock ne s'y intéressa plus. « Il n'a pas cru devoir connaître le partisan que j'ai été de sa cause, et il ne m'a ni rendu visite ni remercié ; il s'est borné à m'adresser quelques lettres banales, celles d'un client ordinaire à un fournisseur non moins ordinaire ». Mieux : en 1901 Dreyfus publie son livre « Cinq années de ma vie » chez un concurrent Fasquelle ! Mais il lui envoie son bouquin avec dédicace : « à monsieur Stock. Hommage sympathique ». C'est diablement plus chaleureux que celle qu'aurait eue Zola : « Hommage de l'auteur » !

En marge de toutes les publications sur l'Affaire, ces « anecdotes » de Pierre Victor Stock, nous font vivre, en journaliste, ces journées chaotiques « passionnant, comme un polar » ainsi qu'il l'écrit.

« Polar » comme le film de Roman Polanski, « J'accuse » qui a défrayé la chronique récemment, et dont le scénario est la parfaite réplique du livre de grand-père !

Lui reprend sans trop de conviction ses activités d'éditeur, remonte doucement la pente tout en cédant à sa passion du jeu. Ruiné, il doit vendre, non sans regret. Tous ses successeurs jusqu'à nos jours garderont son nom en déférence au brillant fondateur qu'il fut de la maison Stock.

Mon grand-père a eu toute sa vie une autre passion que les livres et la fréquentation des clubs de jeux, beaucoup moins risquée, celle-ci : le Canotage et plus précisément la rame sportive. Il pratiquait tous les dimanches et fut le dévoué rédacteur en chef de la revue « L'Aviron ».

Ses aventures sont multiples et ses récits pleins de finesses et d'une grande précision comme cette page de garde d'un carnet de voyage joliment calligraphié à l'encre et de sa main :

JOURNAL DE « LA ROBERTSAN »

Voyage sur le Rhin
Rôle d'équipage :
Barreuse : Mathilde Chevalier
As : Charles Jannenay
Deux : Victor Stock
Août 1883

Celui-ci raconte la petite virée des amis ci-dessus, à la rame de Strasbourg à Amsterdam en toute modestie. Description des paysages, rencontres, coutumes et fabrications locales, météo, cartographie, incidents, manœuvres remplissent les pages d'une brochure reliée (ça va de soi pour un éditeur en herbe). Son intérêt pour le concret et les techniques me surprend et me plaît. Il décrit avec force détails les nombreux ponts de bateaux coupant le fleuve. Leur franchissement sur l'eau était toujours problématique pour le bateau et son équipage. Des petits croquis dans la marge complètent les explications comme par exemple l'ouverture d'une passe dans un pont flottant pour le passage des navires. En pièces jointes sont collées dans le cahier les pubs des hôtels les ayant hébergés, les ronds à bières* et les étiquettes des vins bus, les tickets de train du retour. Ajoutés au récit, de tels documents témoignent d'un joyeux savoir-vivre et une franche camaraderie.

En témoigne aussi cet extrait du règlement à bord de l'Île des loups, petit canot automobile sur lequel il fit d'invraisemblables virées.

ARTICLE 22 : À défaut d'une tenue correcte, la bonne humeur est de rigueur pour tous les passagers de l'Île des loups.

ARTICLE 23 : Toute morosité est bannie du bord sous peine d'amende ; l'inobservation de l'article serait sévèrement réprimée.

ARTICLE 24 : La nature ou le montant des amendes seront fixés en réunion plénière.

ARTICLE 25 : Mais d'ores et déjà, il est décidé que tout passager pris en flagrant délit de tristesse, méditation ou tout autre état neurasthénique sera débarqué, l'espace d'un bief, qu'il se trouvera dans l'obligation de parcourir honteusement à pied.

ARTICLE 31 : Les plaisanteries gauloises ne sont pas interdites

ARTICLE 32 : Toute licence est admise en l'absence des mineurs du bord.

ARTICLE 40 : Les concerts, chœurs, morceaux d'ensemble avec ou sans accompagnement de sirène, sont de droit.

ARTICLE 42 : pendant les pannes, les passagères, le sourire aux lèvres, danseront le cake-walk.

Je suggère à tous les marins du monde d'appliquer un tel règlement. Je l'ai affiché dans mon voilier.

À bord de l'Île des Loups, 8 m de long (en bois d'arbre comme on dirait aujourd'hui : chêne, frêne, teck, acacia, hickory, orme blanc du Canada, cèdre, [excusez du peu !] et moteur à pétrole de 15 chevaux Panhard et Levassor). Il a entrepris en famille (femme et enfants dont mon père 5 ans) avec leurs amis Orfila une croisière fluviale de Paris à Paris par la Marne, le canal de la Marne au Rhin, le Rhin, la Meuse, la Sambre, l'Oise et la Seine en 1905. On en connaît maintenant le règlement intérieur et à la lecture des aventures, je peux assurer qu'il a été respecté, mais faire cohabiter dans la bonne entente et dans un si petit espace : deux couples, deux jeunes enfants et deux hommes d'équipage est un réel défi ; (Grand-père ! il n'y a que les Stocks pour relever de tels défis !)

Il a publié et édité (on n'est jamais mieux servi que par soi-même) son carnet de voyage dans un livre illustré de très jolies photos (1905 !) intitulé : « En canot automobile » dont je possède un exemplaire relié de cuir dédicacé à sa fille de 8 ans (ma tante).

À bord de la même embarcation (l'île des Loups) à la même époque, toujours avec son ami Orfila, ils entreprennent le voyage, incroyable pour l'époque, Paris Constantinople par voie fluviale. J'ai là encore une énorme collection de tirages photo à partir de plaque de verre, mais peu de documents écrits.

Une des difficultés matérielles consistait par exemple à faire acheminer, par voie ferroviaire, le pétrole nécessaire au moteur. C'est le tout début des moteurs à explosion ; on se déplace toujours sur ou attelé à un cheval.

Une série de prises de vue montre le bateau à sec sur un ber roulant, halé par des chevaux pour franchir par les berges un barrage et ses écluses endommagés par la crue du Main – une entreprise titanesque qui a dû leur coûter beaucoup de temps et sans doute pas mal d'argent.

D'autres images illustrent la traversée magnifique de Budapest entre les palais, les premières révoltes paysannes de 1905, l'estuaire du Danube, le débouché en mer noire et des vues grandioses en Turquie, du franchissement du Bosphore au milieu d'une nuée de gros vapeurs et d'immenses voiliers, avec, en fond, les innombrables minarets des grandes mosquées.

Outre l'édition, le canotage et le jeu, mon grand-père avait aussi une vie familiale à laquelle il était très attaché. Pour mettre fin à son addiction au jeu qui avait porté préjudice à sa carrière (Boutelleau, son successeur devenu Jacques Chardonne, le traînera devant les tribunaux pour devoir rembourser des dettes de jeux) et certainement fait ombrage à la famille, il se fit interdire l'accès aux salles de jeux.

Il s'était marié en 1896 avec Cécile Oser qui lui donna deux enfants : ma tante Madeleine et mon père Jean Pierre. Mon penchant plutôt féministe m'aurait incité à écrire « ils eurent ensemble deux enfants », mais j'ai choisi la formule que la personnalité hégémonique du grand-père aurait choisie. Je sais peu de choses d'elle si ce n'est qu'elle était issue d'une famille autrichienne, sans doute noble à en juger par les portraits de ses ancêtres qui sont entassés dans mon grenier. Il parlait peu de sa femme jusqu'à ce qu'il retrouve une vie plus paisible. J'ai dans les tiroirs d'un secrétaire, qui fut le sien, les albums de photos et la correspondance familiale, que je consulte quand je daigne me retourner vers le passé. Je ne suis pas passéiste, mais ces tiroirs portent leurs traces, autrement plus sensibles qu'un clic sur un écran. Tous ces souvenirs montrent des familles (Stock père fils et fille, Laguerre et Colas du côté de ma mère) qui pour différentes qu'elles soient, s'entendaient à merveille et s'entraidaient chaleureusement dans ces périodes difficiles de la guerre (39/45) puis de la vieillesse et des deuils…

Retiré des affaires, dépassé par ce nouveau siècle, il était ruiné et disposait de peu de moyens (une petite rente versée par ses successeurs), s'efforçait de garder la maison du Perreux aussi longtemps que possible pour les joies de la famille (canotage sur la Marne). Il s'intéressa, de loin cette fois, à l'affaire Stavisky qui dénonçait la corruption des hommes politiques de tout bord. Il était secrétaire dévoué de différentes associations et cercles, qui lui valaient pas mal d'ennuis. Un temps à Marseille, il demeura à Paris où il dut se défendre de la Gestapo pendant la guerre. Il vit son successeur depuis 1921, Jacques Chardonne (qui l'avait mené en justice) privé de ses droits d'exercer son métier d'éditeur pour avoir collaboré avec l'ennemi et vanté les thèses nazies. Ce n'est qu'en 1961 que sa maison d'édition fut reprise par le groupe Hachette, qui conservera son nom jusqu'à aujourd'hui.

Pierre Victor Stock, mon grand-père, mourut en 1945 à Paris, 2 ans avant ma naissance.

II

J.P. Stock mon père

Il est né le 15 avril 1900, trois ans après sa sœur Madeleine, à l'époque où son père était aux affaires, autant dire à « l'Affaire ». Je n'ai pas connu mon père, mort alors que j'étais nourrisson ; il ne m'a donc pas raconté sa jeunesse. Les souvenirs que j'ai de son enfance sont des photos sorties des tiroirs : des enfants en marinière et souliers vernis jouant au sable sur la plage (Berk et St Malo) parmi des cabines de bain sur roue qu'un cheval pouvait mener à l'eau, pour que leurs mamans n'aient pas à se montrer en maillot sur la plage, lui encore, en culotte courte (mais longue) casquette et cravate à 12/13 ans sur un cyclorameur d'invention récente, à grandes roues et carénage, où il crâne en ramant face à l'avancement, tandis que son père à l'aviron, sur l'eau, tourne toujours le dos à sa destination.

C'est à cette période que son père P. V. l'a mis à l'aviron. Pour favoriser l'entraînement de son fils et assouvir sa passion, ils louèrent une maison au Perreux sur les bords de la Marne. À 20 ans, le fiston fait son service militaire, il est sélectionné au Bataillon de Joinville, comme tous les champions en devenir. Il y perfectionne son style et sa technique au point qu'à sa sortie, les Anciens du Bataillon de Joinville le sollicitent pour réaliser une brochure sur sa discipline. J'ai retrouvé un exemplaire de ce livret où sur la couverture figure une caricature du sportif en tenue sur son bateau. La caricature est bien réussie, même moi je l'ai reconnu, et dans son contenu il développe avec précision sa technique, détaille le mouvement des pieds à la tête, jambes, bassin, dos, épaules, bras, en insistant sur le nécessaire coulé du mouvement, sans décomposition. Un intéressant plaidoyer pour l'élégance et le style au service de l'efficacité. Il faut dire (en toute partialité) qu'il était lui-même très beau.

J'ai toute ma vie été sensible à ce discours, plaçant par exemple : Les Périllat, Anquetil, Jazy, Lendl au-dessus des autres et à regarder de travers mes amis de sport qui, pour l'un piochait à vélo, l'autre courait comme un sanglier à trois pattes, et ce dernier qui à mes côtés à la piscine se plaignait de nager (selon sa propre expression, restée mémorable) « comme un poisson qui aurait les écailles à l'envers ». Dans ma pratique de nombreux sports, je lui ai été fidèle, m'appliquant dans mon style, dans la limite de mes moyens physiques, ça va de soi. J'avoue avoir trouvé un goût particulier aux sports de trajectoire (cyclisme, automobile) et de glisse (ski, voile, natation et vol libre) où les courbes doivent être harmonieuses et les mouvements coulés pour être efficaces.

J. P. Stock est champion de France de skiff dès 1922, et ce pour de nombreuses années consécutives, puis champion d'Europe à Helsinki et champion olympique au **J.**O. de Paris en double scull (dont nous fêterons le centenaire en 2024).

Sa renommée dépasse le milieu sportif, et fait les choux gras de la presse « People » quand le champion épouse une starlette de cinéma. La famille ne m'a pas fourni de trace de cet épisode de la vie de celui qui n'est pas encore mon père. Je peux seulement lire sur le livret de famille qu'il était divorcé d'une certaine Marcelle Fromholt dont le nom de scène n'est pas mentionné et dont j'ignore totalement la carrière sur les planches (y compris celles de Deauville). Le milieu sportif dans le Miroir des Sports semble railler cette union, qui vit décliner les exploits sportifs du trop bel athlète.

De cette union naquit un enfant Jean Michel, mon demi-frère en quelque sorte, qui s'est révélé être d'une santé très fragile. Le couple fit de nouveau parler de lui dans les gazettes à l'occasion de leur divorce qui n'allait pas tarder.

Je ne sais où, quand et comment **J.P.** Stock a rencontré Madeleine Laguerre. Il est probable que ce soit grâce à Madeleine Stock, la sœur de J. P. En effet, les deux Madeleines travaillaient ensemble dans une grande maison de haute couture. La Madeleine sœur n'appréciait pas du tout l'épouse de son frère et fit sans doute tout son possible pour lui en faire changer. Ce qui arriva.

Je dispose, de cette époque, une série de prises de vue de ma mère éblouissante en mannequin de la grande maison posant dans des robes, jupes et voluptueux manteaux de fourrure. Des poses ni sexy ni provocantes, seulement gracieuses, des éclairages et leurs ombres au service des formes ; la classe ! Elle était absolument irrésistible et la suite le prouva. Connaissant le caractère impatient et résolu de ma mère, je doute qu'ils aient attendu son divorce pour vivre leur passion qui allait durer une trentaine d'années.

Le divorce prononcé, ils se marièrent le 29 juillet 1931 pour vivre une vie familiale exemplaire. J'ai enfin osé ouvrir les grandes enveloppes poussiéreuses empilées dans les tiroirs, qu'ils avaient pris soin de conserver que j'ai moi-même trimbalées à chaque déménagement sans jamais les inspecter par pudeur et respects pour ma mère et ses secrets, de son vivant (elle est morte en l'an 2000).

J'ai ainsi parcouru et découvert, à travers leurs correspondances, les relations intimes entre parents. Il s'agissait pour moi avec l'âge de lever quelques doutes avant qu'il ne soit trop tard – avant que je ne meure à mon tour. Eux sont tous morts et enterrés avec leurs secrets, si toutefois ils en avaient.

J'ai découvert avec joie des gens bien. Pour le grand-père Pierre Victor, je m'en doutais à travers son renom. Pour le couple de mes parents, je n'étais sûr de rien, même si ma mère nous a, à mon frère et moi, toujours vanté son bonheur passé avec Jean Pierre, son unique mari, notre père. Mais nous ne les avons jamais vu vivre ensemble, les seuls témoignages que nous en avions étaient ces correspondances et les albums de photos et bien sûr les histoires de notre mère sur son passé. Mais à nos côtés, elle partageait déjà sa vie avec un autre homme.

Eh bien ce couple était touchant de gentillesse envers les leurs. J'ai été très surpris d'apprendre qu'aux côtés de **J.P.**, notre mère s'était beaucoup occupée du petit Jean Michel (mon demi-frère dont je n'avais jamais entendu parler). Ils se disputaient sa garde avec sa mère, l'ex., mal perçue côté Stock. Il était fébrile et toujours malade. Ma mère se rendait souvent à ses côtés à l'hôpital, et **J.P.** lui consacrait aussi beaucoup de temps. Ils l'aimaient sincèrement et l'avaient fait adopter par toute la famille et notamment les parents de Madeleine (mes grands-parents maternels) qui le prenaient quelques fois chez eux. Le petit Chouchou, c'est ainsi qu'ils le nommaient dans les courriers, avait soudé toutes ces familles y compris du côté Laguerre (ma mère, ses parents et même sa sœur). Sa mort (28/06/32) a été douloureuse pour tous. Les lettres de **J.P.** à ce sujet sont bouleversantes.

Il écrivait très bien, d'un seul jet, de nombreuses pages, bien calligraphiées sans faute ni ratures. Ma mère aussi était une véritable plume. Le plaisir que j'ai eu à lire toutes ces lettres me laisse songeur. Toutes ces lettres ne sont-elles pas des traces autrement plus durables et plus sensibles que nos mails et SMS que nous pratiquons journellement avec désinvolture et négligence et qui ne laisseront aucune trace dans les tiroirs et aucun souvenir à nos petits-enfants ?

J'ai aussi appris que les grands-parents (Stock et Laguerre) se côtoyaient, pour si différents qu'ils soient. Cela ne m'étonne pas de P.V. Stock qui était assurément chaleureux. Pendant la crise économique des années 30 et surtout pendant la guerre (39/40) où ils étaient devenus pauvres, ils s'entraidaient mutuellement. Les enfants, jeunes mariés, qui avaient de bons jobs et se plaignaient, avant 36, de beaucoup trop travailler, de ne pas parvenir à les aider financièrement. **J.P.** était cadre chez Philips et Nicole travaillait dans la haute couture chez Callot avec sa belle-sœur Madeleine ; j'oubliais de préciser que dans toute cette correspondance ma mère Madeleine Stock était appelée « Nicole » par son mari et le reste de la famille ainsi qu'au travail où il ne fallait pas confondre les deux Madeleine Stock. C'est de là que venait son surnom, car dans la couture chaque modèle avait une dénomination maison ; aussi pour la presse. Dans la vie civile, les amies et **J. P.** se fréquentaient régulièrement. Ma tante Madeleine ne s'est jamais mariée et n'a jamais eu d'enfant et moi pas de cousin (de ce côté-là).

J'ai en particulier découvert mon père dans les lettres de vacances du couple à leurs parents. Je m'y suis aussi retrouvé ; ça a quelque chose de réconfortant, je ne sais pas pourquoi. Qu'est-ce que je cherche vraiment ? Les week-ends en voiture, départ la nuit après le boulot, direction la mer, bretonne si possible, le camping sauvage dans les dunes, l'amour nu sur le sable et ses puces qui grattent, levé à l'aube pour poser des lignes de fond à marée basse, pêche à la crevette grise sur le sable, au bouquet dans les rochers, bain a pleine mer, sieste plein soleil, et réveil en pleine nuit pour relever les lignes. Mais aussi : panne de voiture, moules frites pas fraîches, hameçon dans le pied, méduses urticantes, tirebouchon oublié, voyeurs planqués dans les oyats… Des joies qu'ils partageaient avec bonheur. Ils se sont photographiés nus allongés sur le sable. Elle était vraiment belle et lui quel athlète magnifique ! J'aurais aimé le connaître ; mais il ne m'a jamais manqué… grâce à elle.

C'était un jeune couple dans le vent. Ma mère se vantait d'avoir appris à conduire sur une Bugatti. Ils sortaient avec une bande d'amis joyeux et drôles, dont j'ai retrouvé trace de soirées déguisées et de farces de carabins, dans les albums de photos. Ils continuaient à côtoyer les milieux sportifs. Ils assistaient à tous les grands matchs, étaient de tous les meetings d'athlétisme et jouaient sur les champs de courses. Notre mère nous a souvent fait part de son émotion dans le stade où Zatopek avait battu un record du monde. **J.P.** était ami avec les trois mousquetaires (vainqueurs de la Coupe Davis) et avouait qu'il aurait préféré faire du tennis plutôt que de l'aviron, mais qu'il avait dû faire plaisir à son père.

Les dimanches ils allaient manger en famille chez les parents Laguerre ou Nicole redevenait Madeleine et retrouvait sa sœur Simo et son beau-frère. Outre les fleurs dominicales offertes aux femmes, la tradition voulait que l'on évite de parler politique, car personne n'était d'accord, et surtout Mich le beau-frère, jeune instituteur communiste convaincu, qu'il valait mieux faire taire chez des hôtes, certes bons en cuisine, mais franchement réactionnaires. En 36 ils ne défilaient pas dans les mêmes manifs.

En 39 les jeunes hommes furent mobilisés et partirent pour le front. Les femmes se groupèrent pour l'exode. Notre mère nous avait avoué que malgré les charmes déployés pour se procurer de l'essence, elles avaient fini à sec dans la Beauce. Des souvenirs, sans les hommes, qu'elles ont racontés toute leur vie avec drôlerie comme pour évacuer l'anxiété du moment. Mich, communiste moins chanceux, a été prisonnier. 3 ans en Allemagne.

À la libération nos parents habitaient St Etienne. Ma mère et une partie de la famille s'y étaient réfugiées (zone libre) pendant la guerre attirée par de bons amis. Parmi eux un couple d'amis juifs et leurs enfants que ma mère avait cachés chez elle, juste en face de la Gestapo. Ils ont été sauvés et sont restés longtemps de bons amis reconnaissants de la famille. Quand **J.P.** revint à St Etienne, ils eurent enfin un premier enfant, Stéphane mon frère qui fut célébré puis choyé de tous.

Dans cette France anéantie, **J.P.** ne retrouva pas sa situation d'avant-guerre. Et tous deux décidèrent un retour (plutôt un aller simple) à la terre. Ils aimaient certes la nature, mais n'avaient aucune expérience agricole. Ils trouvèrent une ferme à louer « les Suchères » et s'y installèrent. Veaux, vaches, cochons, poules et lapins livrèrent leurs secrets à ce beau mannequin en sabots et le champion olympique apprit à mener le cheval pour les labours. C'est dans ce monde bucolique que je fus certainement conçu ; et j'en porte aujourd'hui les heureux stigmates. Ma mère avait 42 ans ; il était temps ! C'est sans doute pour cela que je suis né dans le milieu plus médicalisé d'une clinique parisienne – un accroc originel dans mon CV de pur campagnard. J'ai été toute ma vie « né à Paris ». Ça alors !

Elle retourna en Auvergne, le temps de prendre quelques photos de famille. Celle de tous les albums où nous sommes mon frère et moi (bébé) dans les bras de **J.P.** Stock, notre père. Il n'a déjà plus l'air d'un paysan. Avec son grand manteau et son chapeau mou, il semble sur le départ et pose pour la postérité. Quelques jours plus tard, il s'envolait pour le Venezuela, et plus jamais on le revit.

Las de cette situation qu'il jugeait trop précaire, il avait promis d'offrir aux siens, femmes et enfants, un avenir plus brillant que celui qui nous attendait dans cette petite ferme d'Auvergne – À chacun ses valeurs –. Il était parti ainsi pour le nouveau monde, comme certains de leurs amis qui avaient « réussi ». En espérant que l'on vienne l'y rejoindre, il tenta toutes sortes d'affaires. Il fut même membre d'une expédition d'exploration au fin fond de l'Amazonie (j'ai rencontré il y plus de 40 ans, tout à fait par hasard, un membre de cette expédition qui l'avait connu). Il ne trouva jamais l'Eldorado. Dans les courriers qu'il envoyait à notre mère, sur papier fin, avec la mention – Par Avion, il se montrait désappointé, mais il persévérerait. Il avait trouvé un dérivatif en jouant dans l'équipe de water-polo de Caracas, sa seule distraction. Tous ses courriers mentionnent son attachement à ses enfants. Il manifestait son admiration pour leur courageuse maman qui en bavait pour les élever seule, alors qu'il n'était pas en mesure de l'aider. Il est mort en quelques semaines d'un cancer foudroyant. Notre mère n'a pas eu les moyens de faire rapatrier le corps.

III
L'oncle Paul

Tout le monde l'appelait ainsi dans la famille alors qu'il n'en faisait pas même partie. Il n'était l'oncle de personne.

L'oncle Paul a été le compagnon de ma mère à la mort de mon père JP Stock. Ce sont certainement mes cousins et cousines qui l'ont tout naturellement surnommé ainsi parce qu'il partageait la vie de leur Tati Madeleine, ma mère.

Pour ma part je n'ai jamais réussi à l'appeler oncle, car il était beaucoup plus que cela pour moi. Je l'appelais « Hom'paul » (orthographe aléatoire) pour me distinguer de tous les autres, pour manifester une intimité que moi, le bébé, n'avais pas envie de partager avec tous ces grands de Paris et d'ailleurs, qui, eux n'avaient pas le privilège de vivre à ses côtés.

Ma mère l'appelait Paul tout simplement, lui l'appelait Madeleine et Madelon quand il s'adressait à nous, mon frère et moi. Ils se vouvoyaient. Cela était courant dans certains milieux et j'ai toujours été étonné d'en faire partie. Qu'ils ne se tutoient pas ne m'étonnait pas, car après tout ils n'étaient pas mariés. J'y sentais comme une forme de respect mutuel plutôt qu'une quelconque distance. Je savais bien qu'ils couchaient dans le même grand lit à côté de notre chambre et que même on pouvait, mon frère et moi, s'y introduire le dimanche matin avant la grand-messe. On n'était pas à un paradoxe près dans la famille.

L'oncle Paul était un Hom'Paul admirable. Ingénieur des eaux et forêts, il avait été missionné par le gouvernement français pour aller en Allemagne après la guerre (39/45) leur prendre du bois au titre des dommages de guerre et améliorer notre savoir-faire en matière de papeterie, domaine d'excellence outre-Rhin.

J'ai ainsi vécu ma prime enfance en Allemagne. Les souvenirs que j'en ai sont très vagues et datent davantage de nos retours ultérieurs en visite chez nos amis allemands de Baden-Baden et nos vacances en forêt noire. J'ai ainsi appris à parler en même temps français et allemand. Je n'ai véritablement appris l'allemand que plus tard au lycée. Mon frère, mon aîné de trois ans, a conservé son allemand toute sa vie, heureusement pour lui.

L'oncle Paul, accompagné d'une équipe d'ingénieurs français et allemands, est arrivé en France pour construire, sur les bords de la Seine en Normandie, l'usine de cellulose d'Alisay (SICA) que j'aperçois encore de mes fenêtres soixante ans après.

C'est ainsi que nous nous sommes installés en face de l'usine en construction, que l'on voyait monter à travers un rideau de peupliers, dans une somptueuse demeure, elle s'appelait La Résidence, logement de fonction, au bord de l'Eure, entourée d'un grand parc où je devais passer une enfance de rêve.

L'oncle Paul était l'image du parfait gentleman-farmer. Il était très bel homme, grand, une distinction toute naturelle. Il plaisait certainement aux femmes, l'oncle. Mes copines de CM2 étaient toutes amoureuses de lui et pas qu'elles ! Par bonheur il avait aussi plu à Madelon et surtout Madelon avait su le séduire au point de faire oublier les dix ans qu'elle avait de plus que lui.

Côté gentleman : avait fait des études chez les jésuites, latin grec et compagnie, pouvait chanter en soliste « minuit chrétien » à la messe de minuit de l'église paroissiale, élu rapidement maire de la commune, faisait des discours attendus au monument aux morts, décorait les anciens combattants sans jamais exhiber ses propres médailles, classé deuxième série au tennis et fin barreur à la voile et en plus un bon coup de crayon, enfin un véritable entrepreneur audacieux dont la seule ambition était de réaliser ses rêves si possible avec panache (un Don Quichotte des bois).

Côté Farmer : une connaissance passionnée de la nature, tous les arbres, tous les animaux, qu'ils soient d'élevage (avait tenu une ferme) domestiques (avions un véritable chenil) ou sauvages, à plumes, à poils, à travers la chasse et même à écailles puisque pêcheur toutes eaux : mer étang, rivière et toujours son opinel dans la poche. Il maniait la varlope et l'herminette, la truelle et le burin. De ses mains puissantes aux doigts carrés, il fabriquait ses propres mouches artificielles et montait lui-même ses hameçons pour la pêche à la truite. Il écussonnait au greffoir la vigne et les rosiers du jardin.

Côté Farmer j'allais oublier : il était auvergnat et fier de l'être, sans doute y était-il né ? Y avait vécu ? Y aurait tenu une ferme après-guerre ? Comme Madelon ? Peut-être était-ce là-bas qu'ils s'étaient connus ? Exilé en Normandie, il voyait des bougnats partout, connaissait le patois, et était aux larmes en écoutant Brassens chanter l'Auvergnat rêvant plus ou moins secrètement d'y retourner un jour. Opinel dans la poche.

Au premier étage de la maison, il avait installé le siège social et les bureaux de la société chargée de l'approvisionnement en bois de l'usine. Il en était le PDG et Madelon, secrétaire générale.

Là-haut embauchaient secrétaires, sténodactylos, comptables et autres commerciaux tous très jeunes. Ils remplissaient de gaieté la maison au-dehors plutôt sévère. Ils vénéraient ces patrons nouveaux qui leur avaient permis d'échapper au triste labeur à la chaîne des usines de chaussures environnantes.

La construction de l'usine s'achevait, le parc à bois se remplissait et les premières rames de papier sortaient. Tout le monde menait grand train, de l'ouvrier (bien mieux payé que dans la chaussure) aux cadres sup comme l'oncle Paul et ma mère. Tous profitaient des largesses de la société.

À cette période, auprès de l'oncle Paul, on ne parlait jamais d'argent. D'ailleurs enfant on ne sait pas ce que c'est que l'argent – sauf ceux qui en manquent. Ce n'est que plus tard, aux dires des autres que j'ai réalisés si ce n'est cette opulence du moins cette grande aisance. Cet argent facile ne m'est jamais monté à la tête – contrairement à mon frère. Mon plaisir était déjà ailleurs. Certes je mettais mes francs gagnés le jeudi en travaux de jardin auprès du père Gaspard, le jardinier, dans ma tirelire et ne la casserai que pour un achat conséquent (vélo, canne à pêche ou filet, carabine, canif, bateau). Alors que mon frère dépensait tout au comptant (billes, Timbres, Dinky toys, bonbons et autres superfluosités).

Mes plaisirs étaient ceux de l'oncle Paul, ceux qu'il m'avait enseignés, ceux qu'il m'avait appris à aimer et à pratiquer et qui sont toujours les miens aujourd'hui (à part la chasse).

Sur la berge de l'Eure, il avait construit un ponton sur l'eau (plan et bois maison). C'était devenu le point de ralliement des pêcheurs du cm 2. On trouvait le moyen d'y pêcher au lever du jour avant d'entrer en classe. Plus tard j'y amarrais mon petit bateau – premier d'une longue série – que j'avais acheté au Salon Nautique à Paris (sur la Seine à l'époque) avec l'argent de ma tirelire. Un voile/aviron idéal pour ici et pour Riva Bella.

Ah la chasse ! Je n'ai pas honte d'écrire – j'hésite à le dire, c'est mal vu – que c'est à travers la chasse que j'ai appris et puis aimé la nature grâce à l'oncle Paul.

Alors que les yachtmans et autres golfeurs de l'époque semblaient porter un déguisement, lui portait l'habit du chasseur avec naturel : Bottes hautes de cuir, culotte de cheval, veste de daim et casquette, cartouchière discrète à la ceinture, l'arme au fût luisant et crosse cirée toujours cassée, opinel dans la poche. On dirait aujourd'hui de lui « vieille France ». Mais non, l'oncle Paul n'était pas « vieille France » comme certains de ces propriétaires forestiers chez qui nous étions invités de temps en temps pour partie de chasse et qui eux portaient :

gilet, chapeau de feutre à plume de geais voire queue de faisan, veste pied de poule, mérite agricole à la boutonnière et petite trompe de chasse à la ceinture. Tout un monde bien éloigné des Tartarin qui jalonnent aujourd'hui l'orée des bois en treillis militaire de camouflage et casquette américaine fluo à grande visière canon droit et cartouchière en bandoulière comme à Tarascon, con !

Non, l'oncle Paul pratiquait la chasse en solitaire ou avec un ami, avec son chien et avec moi.

Une fois en tenue, j'avais pour mission d'aller chercher un chien parmi les chiens du chenil. Ils étaient déjà tous aux abois, savaient aussi que c'était jour de chasse, les cloches du dimanche, nos tenues, le cliquetis des armes ? Il ne fallait en laisser sortir qu'un sur trois, sans qu'ils me fichent par terre. Tous voulaient être de la partie : Street ! Il était magnifique. Un grand Setter irlandais mâle à la robe de feu pourpre aux reflets de bronze, aux grandes oreilles pendantes et au museau carré de mâle, pas pointu comme chez les femelles (et les femmes au nez pointu). Il était puissant et fougueux. Peut-être que le chasseur Paul eut préféré un chien d'arrêt plus calme et plus obéissant, qui ne ferait pas lever le gibier à cent pas, hors de portée, comme le faisait si souvent Street, l'intrépide, au désespoir de son maître. Il ne l'avait pas vraiment choisi, car selon la légende il l'aurait trouvé dans la rue en Allemagne déjà. « Strasse » aurait été peut-être plus judicieux, mais au lendemain de la guerre en France, mieux valait il éviter tout relent teuton, déjà qu'il vivait avec une madame Stock et ses enfants Bref, ce chien était la fierté de la famille. Oui, qu'elle soit décomposée ou recomposée c'était bien une famille et dans les années cinquante cela en dérangeait plus d'un. On y reviendra… après la chasse. Alors on pouvait y aller. L'oncle Paul me prodiguait ses dernières consignes de sécurité que Street faisait semblant d'écouter, en inclinant la tête et en remuant la queue : jamais devant, toujours à côté ou derrière, marcher en silence, parler à voix basse, regarder et écouter… être attentif. À la chasse, je l'étais plus qu'en classe. Mais quoi que je fasse, l'oncle Paul, le nez au vent et l'œil perçant voyait tout et entendait tout bien avant moi. La confiance qu'il m'inspirait alors dans cette phase initiatique, je l'ai faite mienne : avec un arc, un lance-pierres, une carabine à plombs ou un fusil, je n'ai jamais enfreint ses règles. Respect d'autrui et respect de la vie.

Moi, à la chasse avec l'oncle Paul j'étais un grand. Peu de parents emmenaient leurs enfants à la chasse avec eux. Les autres chasseurs croisés dans la plaine me saluaient, moi aussi, avec d'autant plus de respect que je portais la gibecière remplie de notre butin. L'oncle Paul me faisait partager toutes ses préoccupations, les détours à faire pour ne jamais être au vent du gibier, savoir profiter du rabat des autres chasseurs en se cachant, longer la rivière au passage « des fois qu'il y aurait un petit col-vert égaré » choisir l'arbre pour partager le casse-croûte de l'après-midi, trouver la futaie pour l'affût du soir.

J'adorais les casse-croûtes avec l'oncle Paul – on ne disait pas pique-nique – à la chasse, à la pêche et dans les bois où il m'emmenait, le jeudi faire des métrés. Quand il sortait son opinel de sa poche, il n'était plus monsieur le maire, monsieur le Directeur ou mon cher ami, il était le bougnat parmi les bûcherons du four à charbon de bois, les scieurs de la scierie, les cheminots des traverses SNCF, avec le berger allongé dans l'herbe et ses moutons, avec le fermier dans les champs, et le cantonnier sur son talus. Comme eux, il savait manger sur le pouce : le morceau de pain et le bout de pâté coincés avec la lame sur le pouce, le tout en une seule main que l'on porte à la bouche en tournant le poignet pour ne pas se mettre la lame ou le tirebouchon dans l'œil.

Tout un art… populaire.

L'affût était le meilleur moment de la journée. Aux ramiers, fin d'après-midi avant la nuit, allongés dans l'herbe l'un à côté de l'autre sous les grands peupliers, on scrutait le ciel dans un silence qu'interrompaient les derniers coups de feu de la plaine. Ils pouvaient annoncer un pigeon, un faisan ou un lièvre ; à nous de redoubler de vigilance. On échangeait nos observations en chuchotant avec une complicité délicieuse et perverse puisqu'il s'agissait de traquer une bête inoffensive. Mon plaisir était alors dans l'instant, jouir de ce que nous offrait la nature au coucher du soleil, engranger les souvenirs à raconter à Madelon au retour à la maison avant de m'endormir de fatigue sur les genoux de l'oncle Paul devant la cheminée, bercé au son du Gramophone.

L'oncle Paul, avec le soutien de ma mère, m'a initié à la musique, à toutes les musiques. Je pense que c'était très certainement lui qui choisissait les disques à acheter. Ma mère me poussait au piano.

Les morceaux longuement écoutés dans l'enfance restent gravés dans la mémoire pour la vie, comme le sont aussi certaines images frappantes. De ma vie je n'ai jamais pu entendre la sonate à Kreuzer sans penser à l'oncle Paul. J'aurai bien d'autres raisons de penser à lui. La playlist (anciennement discothèque) familiale qui m'a accompagné longtemps comprenait outre cette sonate de Beethoven :

– les concertos pour violon de Beethoven et de Bach (avec David Oestrak) ;
– le concerto pour piano n°1 de Tchaikoski (par Emil Gillens) ;
– les deux concertos pour piano de Chopin ;
– la symphonie du Nouveau Monde ;
– les concertos brandebourgeois ;
– la symphonie pastorale ;
– les quatre saisons.

Nous écoutions tout cela très religieusement le soir au coin de la cheminée… et moins religieusement : les frères Jacques, les quatre Barbus, Pierre Jean Vaillard, Robert Lamoureux, Raymond Devos et Georges Brassens auquel toute la famille en chœur vouait un culte tout particulier.

Nous achetions tous les ans son nouveau disque. Toute la famille piaffait d'impatience devant la nouvelle pochette. Et puis on écoutait. J'attendais le rire des parents et puis leurs explications. Et réécoutais jusqu'à tout saisir. On allait l'écouter sur scène à la moindre occasion quelques fois même avant la sortie du disque. Il était très censuré à la TSF. On entonnait ses ritournelles à tue-tête notamment lors des longs départs en vacances dans la Dauphine Gordini à toit ouvrant de maman pour couvrir le bruit du moteur. Je ne comprenais pas toujours ce que je chantais, mais cela faisait rire des grandes personnes… et en choquait d'autres. Ceux-là on ne les ménageait pas à la Résidence, ils n'étaient pas au bout de leur peine. Quand on est con, on est con !

Mais à propos d'affût, j'allais oublier d'évoquer le Graal : le gabion ! À notre arrivée en France, il avait fallu trouver une location, le temps d'effectuer les travaux dans la Résidence du bord de l'Eure. C'était un été des années 50 ; quoi de mieux pour les enfants qu'une villa au bord de la mer sur la côte normande. Riva Bella. Les enfants pourront y passer toutes les vacances avec mère et nounou. Lotte, notre bonne Allemande qui avait suivi, comme ça, ils pourront continuer à parler allemand. Et puis on la louera aussi en hiver pour aller à la pêche dans le port d'Ouistreham et à la chasse aux canards dans l'embouchure de L'Orne. Un programme qu'on allait tenir une bonne dizaine d'années. Ils avaient baptisé la villa « Graine aux vents ». Soit ! C'est seulement cinquante ans plus tard que j'ai compris pourquoi.

Très rapidement l'oncle Paul allait se faire des amis sur la plage en été et sur la grève en hiver. Il allait construire sur la dune la première cabine de bain et un gabion dans les marais de l'Orne. Plans maison, traverses et planches aussi. Rien ne pouvait arrêter l'oncle Paul dans la réalisation de ses projets. Par sa générosité toute la Résidence y a passé des vacances (secrétaire, comptable, commerciaux, bonne, cuisinière, chauffeur, bûcheron et même mon père Gaspard le jardinier). Le gabion, c'était un truc d'homme. J'y ai passé quelques nuits aussi. C'était un abri de chasse enterré sous le niveau de l'eau (bonjour l'étanchéité hom'paul). Il comprenait deux pièces séparées par une porte. Dans l'une, côté plan d'eau, noir absolu, deux couchettes hautes au ras de l'eau et au niveau de la meurtrière pour observer et éventuellement tirer. Dans l'autre pièce, lampe à pétrole et poêle à charbon avec cafetière, tabourets et guéridon pour domino, jeux de cartes, verres et bouteilles.

Moi, j'étais bien sûr de guet, allongé sur ma couchette, toque de Davy Crockett sur la tête, les yeux rivés sur la mare à distinguer dans la nuit les appelants avec du blanc dans les ailes des sauvages plus foncés venus répondre à l'appel des domestiques attachés et braillards. Même pas peur, juste un peu froid aux pieds, mais si chaud au cœur, derrière la porte, les tireurs tapent le carton et les canons. C'est peut-être déjà là que j'ai pris le goût du calva ?

Madelon ne venait pas au gabion. Mais l'oncle Paul l'avait initiée à la chasse sur la grève. Non seulement elle était élégante, grandes bottes de cuir, culotte de cheval, tailleur cintré, grand chapeau, mais elle avait la réputation d'être une bonne gâchette, armée qu'elle était d'un joli 16 pour dame délicatement choisi par l'oncle Paul.

L'oncle Paul m'a bien sûr appris à pêcher, pêche au coup dans l'Eure en face de chez nous et au lancer en mer sur la jetée d'Ouistreham où je me souviens de ma première alose attrapée au milieu de pêcheurs chevronnés tous bredouilles.

Mais l'oncle Paul (côté gentleman) m'a aussi initié à la pêche à la mouche artificielle – la pêche au fouet – un sommet pour un gamin de mon âge. J'ai ainsi pêché mes premières truites, seul sur les bords de la Dordogne chez un riche ami forestier. J'avais une dizaine d'années. Il nous a aussi emmenés dans son Auvergne braconner (pas gentleman) à la pêche aux écrevisses de nuit.

C'est ainsi que l'oncle Paul – culotte de cheval ou pas – m'a mis le pied à l'étrier des plaisirs de la vie.

Paul Péronne, c'était son nom, a eu une vie bien remplie. Il avait été rapidement élu Maire du village – les Damps près de pont de l'Arche. Dans les années 50 de l'après-guerre, tout était à faire. Les plus gros chantiers furent : l'adduction d'eau, la construction de logements sociaux et un groupe scolaire moderne en remplacement de préfabriqués provisoires. J'allais y faire toute ma scolarité primaire. Il n'aurait su se satisfaire de ces réalisations indispensables. Il devait réanimer la vie villageoise.

Il avait nommé un nouveau garde champêtre qui parcourait en uniforme les rues du village pour diffuser les informations à grand coup de roulement de tambours. Il avait monté une clique pour animer les jours de fête et les cérémonies du souvenir. Tout le monde savourait sa prestance et ses canards. Il avait relancé la fête du village : retraite aux flambeaux à travers les rues, derrière la clique, feu d'artifice tiré depuis l'île par les hardis chasseurs avec cors de chasse (aux canards), jeux de toutes sortes sur la grande prairie communale fraîchement tondue et fumée par les moutons de Joseph et le clou : les joutes sur l'eau qui voyaient s'affronter les gros durs (sachant nager) vêtus de slips à large décolleté entre cuisses. Quelle rigolade ! il n'y a jamais eu de mort. Autre fête grandiose : la distribution des prix à l'école de M et Mme Lenoir, lui-même secrétaire de mairie de l'oncle Paul. Spectacle que l'on préparait un mois avant la fin des cours et qui mobilisait la moitié du village (décors et déguisements). Tous les élèves montaient sur scène et plus particulièrement les cancres qui, eux, avaient peu de prix (Camaraderie, sport, dessin…).

Côté carrière, au bout de quelques années, l'oncle Paul quitta le groupe SICA venu avec lui d'Allemagne : incompatibilité d'humeur, désaccord de gestion, rivalités, problèmes d'ego, ambition personnelle ? J'étais trop jeune pour comprendre.

Il a alors créé sa propre entreprise : Compagnie Agricole et Forestière (CAF) avec Madelon pour cogérante. Ils devinrent propriétaires de la Résidence. Le dernier étage de la maison était libéré et converti en salle de jeux pour mon frère et moi : ping-pong, circuit voiture et train électrique, projecteur ciné à manivelle (Charlot, Laurel et Hardy, Buster Keeton, Jacques Tati) et chambres de bonnes (salle de jeux pour ados plus tard). Il monta entre autres une petite scierie dans les bois de Ry (village de Madame Bovary) où j'aimais aller pour admirer son ingéniosité. La CAF continuait à livrer du bois à la SICA, des traverses à la SNCF et du bois de mines aux Mines.

En 1956, crise pétrolière suite à la fermeture du canal de Suez, tandis que Mme Stock (50 ans et plus) troquait sa Dauphine Gordini pour une Vespa, Monsieur Peronne entreprenait de convertir deux camions au gazogène, technique abandonnée depuis longtemps, mais au combien de circonstances. Une audace extraordinaire qui avait enthousiasmé le garagiste de Léry, qui m'en parlait encore de longues années après. Ça a marché et je me vois encore, lors de la sortie inaugurale, assis dans la cabine à côté de l'oncle Paul, pas peu fier de sillonner les rues du village alors que plus aucun véhicule ne pouvait circuler. Le père Gaspard se mit à la fabrication du carburant. Les jours d'intempérie, impropre au jardinage, il allait s'installer devant son billot à fendre en petits morceaux des petites rondelles de bois. J'y venais souvent lui tenir compagnie, en admirant son coup de serpe. Il lui manquait déjà quelques doigts et j'avais peur.

Quand parfois nous allions en forêt métrer des stères de bois à débarder et que le camion était là, quel bonheur de s'adosser à la grosse chaudière placée verticalement derrière la cabine pour se réchauffer le dos, y compris à travers le duffel-coat.

Dans la saga des grands hommes fondateurs évoqués jusque-là, je me dois de consacrer quelques lignes au père Gaspard qui a certainement été déterminant dans mes choix professionnels ultérieurs. Le père Gaspard, de son nom : Gaspard, Balthazar, Melchior Buquet était un très vieil homme d'origine flamande, je crois. Il était chaussé du matin au soir de gros sabots de bois qu'il portait sans chaussettes. Il marchait, non il ne marchait jamais, il était courbé le corps à l'horizontale. Pour la moindre petite distance, il enfourchait son vélo, vieux lui aussi. Il avait la tremblote à tel point que les sales gamins, moi le premier, prétendions reconnaître ses traces de vélo en zigzague sur la route après son passage dans une flaque d'eau. On l'appelait aussi Robic parce qu'il avait la tête dans le guidon. Toujours calme, il parlait très bas, il faisait tout avec lenteur. Une lenteur empreinte de sérénité autant que de vieillesse. Tout le monde dans le village respectait et aimait le père Gaspard. « Ce n'était pas toujours réciproque ; il avait ses têtes. » Il était la réplique du « Modeste » de la chanson de Brassens. Il avait, il y a très longtemps, répudié sa femme parce qu'elle n'élevait pas bien ses enfants. Il les avait élevés seul à la sueur de son front en travaillant dans les champs.

Ce dernier point avait certainement séduit ma mère, déjà émue par sa grande pauvreté. Elle l'avait embauché comme jardinier, faisant fi de sa lenteur. Il prenait tous ses déjeuners à la maison, elle lui servait du bon vin dans un verre à pied en cristal, mais il en laisse toujours beaucoup, au grand désespoir de ma mère, jusqu'à ce qu'elle comprenne qu'il ne pouvait pas les vider à cause de son dos trop courbé et de sa tremblote. Alors chacun lui remplissait discrètement son verre au passage avant qu'il ne soit vide. Du coup (de rouge), il avait quelquefois des sabots à bascule l'après-midi.

L'oncle Paul aimait à me faire admirer la qualité de ses gestes. Il fauchait les grandes pelouses du parc à la faux dans un geste souple et cadencé à faire oublier sa tremblote. Au potager, sa technique de bêchage était singulière. Il ne connaissait que « sa bêche mécanique belge » munie d'une béquille et d'un ressort qui retourne la terre en appuyant et non en levant, « aïe le dos » sur le manche lui-même à poignée. J'ai déjà relaté son excellence à la serpe au billot du gazogène. Mais grimper en sabot dans les tilleuls taillés en marquise le long de l'Eure, sa dextérité suscitait l'admiration, mais aussi notre inquiétude. J'eus vite l'autorisation d'aller, le jeudi, l'assister dans cette tâche très périlleuse à son âge. J'étais à bonne école pour le coup de serpe, mais le mien ne valait pas le sien. Heureusement la patronne payait bien. J'ai fini par acheter mon petit voilier grâce à la confection des fagots.

Le soir, quand j'allais chercher le lait à la ferme, je passais devant sa petite maison. Il était attablé dans l'ombre et mangeait dans le journal qu'il lisait. Pas de vaisselle !

On a même emmené le père Gaspard à Riva Bella pour voir la mer qu'il n'avait jamais vue. Je me souviens aussi que le soir après la soupe, dans laquelle il mettait invariablement du pain et du lait comme chez lui, on écoutait la radio. L'oncle Paul m'avait fait remarquer que Gaspard, qui n'avait pas la TSF chez lui, ne pouvait pas quitter des yeux le petit œil vert du gros TELEFUNKEN qui s'adressait à lui. Tous ces événements étaient très émouvants et pour fêter toutes ces découvertes, on lui avait servi la goutte dans un grand verre en Pyrex pour qu'il puisse en boire un peu. J'ai passé beaucoup de mon temps libre d'écolier à ses côtés dans le parc, le hangar, le potager, la serre.

Nous avons enterré tous les deux, surtout lui, à leur décès Street et Blanca et mon agneau Bouzou que Joseph « le berqué » m'avait donné. On fleurissait leurs tombes ensemble dans un coin du parc. Jamais de familiarité entre nous et sa révérence à mon égard (j'étais le fils de la maison) me dérangeait toujours un peu. J'avais appris par cœur « pauvre Martin pauvre misère » (G. Brassens) pour la chanter à la distribution des prix en pensant à lui.

Les affaires de la CAF n'avaient pas l'air si florissantes. Nouveauté : J'entendais souvent parler d'échéance de fin de mois, d'agios, de coup de fil de la Banque, de commissions, de frais de livraison et de Franco de port (sans comprendre ce que venait faire le cochon dans ces affaires). Le train de vie semblait plus raisonnable, la vie familiale plus familiale. Il fallait se serrer les coudes de temps en temps, les grandes réceptions dont ma mère avait le secret étaient plus simples et plus chaleureuses aussi. On parlait moins de la Mairie et un peu plus de l'école. On grandissait mon frère et moi.

Pendant les vacances, l'oncle Paul nous emmenait dans son Auvergne chérie. Il y avait acheté (sans doute la CAF) un domaine à Château-sur-Cher. C'était comme un rêve d'enfant qu'il semblait réaliser. Moi aussi je voyais en vraie grandeur se réaliser ma mini ferme qui jonchait le tapis de ma chambre. L'endroit était extraordinaire, une petite ferme sur un éperon entouré de prairie en pente, de bocage et de forêts. Le corps de ferme formait un ensemble harmonieux des plus modestes, une petite maisonnette, une étable, une grange, une soue à cochons. Un fermier l'occupait et l'exploitait en échange de l'entretien des plantations forestières de l'oncle Paul. Ces gens vivaient comme dans des siècles antérieurs. Je pense qu'ils n'avaient ni l'électricité ni l'eau courante, les premières fois où nous sommes venus. L'oncle Paul avait trouvé le financement pour le raccordement au réseau électrique lointain et avait capté une source sur le versant opposé dans un joli bassin de rétention sous les bois qui alimentait la ferme par le principe des vases communicants. L'oncle Paul comprenait le patois du fermier. Ce dernier n'avait ni voiture ni tracteur. Les vaches (pas de bœuf) tiraient la charrue et le tombereau.

J'avais le droit et l'honneur de guider l'attelage dans les chemins. Armé d'une longue perche avec un clou au bout, je leur piquais la croupe droite ou gauche pour les guider.

Pas peu fier le gars !

L'oncle nous faisait visiter ses plantations de résineux subventionnés par l'ONF en nous disant que c'était pour nous plus tard.

Les premiers séjours, nous retournions le soir à l'hôtel à Évaux-les-Bains et dans une délicieuse pension de famille à Saint Maurice de Pionsat C'est là que lors d'un séjour, l'oncle Paul nous présenta un de ses enfants : Gilles Péronne. Il avait 6 à 7 ans de plus que nous et avait l'air d'un étudiant, il savait jouer Jeux Interdits à la guitare.

Notre mère nous avait plusieurs fois dit que l'oncle avait, ou avait eu une famille avec femme et enfants. Nous la croyions, mais tant qu'on n'avait pas vu ? Eh bien c'était fait. Il était grand et sympa. Nous ne fûmes, mon frère et moi, pas plus émus que cela et notre mère nous faisait bien comprendre qu'il ne serait jamais un grand frère pour nous. Soit ! Dommage, on aurait peut-être appris Jeux Interdits à la guitare… À Château sur Cher, l'oncle Paul se plaisait dans son domaine, il était au pays. Il entreprit de rénover une petite bâtisse délabrée dans la cour de la ferme. Je me souviens du soin qu'il apportait à mettre les pierres en valeur et à restaurer la vieille cheminée. Son maniement de l'herminette pour faire d'un tronc d'arbre une poutre de cheminée n'avait rien à envier au coup de serpe du père Gaspard. J'aimais quand il travaillait le bois. Avec le fermier, ils avaient attelé des vaches pour faire tomber des murs en ruine. La Blanchette et la Noiraude qui portaient bien leurs noms, préféraient le pré et n'aimaient pas le joug. Leur mettre entre leurs grandes cornes rebelles était un exercice périlleux. Elles se débattaient à grand coup de tête et de cornes jusqu'à admettre enfin leur soumission et leur rôle de bête de somme. Alors, elles ne rechignaient pas sur l'effort pour être libérées au plus vite du joug et retrouver la prairie. Leur puissance était impressionnante. L'oncle Paul installa dans les ruines des « feuillets » des toilettes en langue scoute, en plein air, deux planches dans un angle de mur. Et le soir, en se moquant de l'oncle Paul, on chantait en chœur « minuit crottin, c'est l'heure solennelle ». Dans la journée, il nous emmenait pêcher le vairon dans la rivière ou tirer à la carabine les vipères rouges endormies dans les murets de pierres sèches. J'ai encore le souvenir ahurissant de cette femelle éventrée que l'oncle Paul avait ramassée. Il avait fait sortir de son ventre 5 à 6 petits. Ils n'étaient pas encore nés puisque dans leur mère. Ils étaient encore dans leur œuf. Une poche souple, gluante et transparente « ovovivipare » dans laquelle on les voyait frétiller. Eh bien, en perçant cette poche, ils étaient libérés et si on leur présentait une petite brindille, ils la piquaient hargneusement. Un instinct effrayant alors qu'ils n'étaient pas encore nés. J'ai su bien avant les autres ce que signifiait « ovovivipare ».

C'est ainsi que l'oncle Paul nous apprenait la nature pour ne pas dire la vie. Et on sait combien ces premières années sont déterminantes et que ne suis-je devenu la réplique de l'oncle Paul !

Mais c'était notre mère qui assurait notre éducation, il n'avait pas droit au chapitre. Elle lui concédait toutefois notre éducation religieuse, car elle n'était ni croyante ni pratiquante. Ce qui n'a pas facilité sa mission. Elle était autoritaire et même sévère et très protectrice. Ses enfants, c'était son domaine. Pas touche ! Jamais l'oncle Paul n'a fait à notre égard preuve d'autorité. Il ne se serait pas permis de toute façon, je pense que cela lui était interdit. Elle était mère poule et nous protégeait sous ses ailes. On lui devait obéissance et dans des moments de colère elle pouvait même nous frapper sans que cela nous fasse le moindre effet. On en riait même. C'était sous l'émotion et la colère, mais jamais par méchanceté. On n'a jamais manqué d'amour.

Il n'en a pas été de même pour l'oncle Paul. Avec le temps et peut-être avec l'âge, ils avaient fini par faire chambre à part. Il est vrai que l'on n'en manquait pas, de chambre !

On ne les a jamais entendus se disputer sauf une fois, un soir. Nous étions couchés, mon frère et moi, cavalcades dans les gravillons des allées du jardin, éclats de voix, pleurs de notre mère (insupportable) ; puis silence. Le lendemain matin notre mère nous annonçait que l'oncle Paul était parti (opinel dans la poche) et plus jamais nous le reverrions et qu'elle ne voulait plus jamais entendre parler de lui.

Elle avait certainement raison, maman ; mais quand même !

IV
Madeleine Stock, ma mère

De tous ces personnages, de tous ces Stock, elle est assurément la moins connue, mais celle qui a vécu la vie la plus insensée. C'est la seule que j'ai eu le temps d'aimer ; tant aimer !

Ma mère Madeleine, Blanche, Clémentine Stock, née Laguerre est née en 1905 et morte en l'an 2000 à 95 ans donc ; il s'en est fallu de peu qu'elle connaisse trois siècles. Je n'ai, de ma vie jamais, connu la date de naissance de ma mère. Il était hors de question de lui souhaiter un quelconque anniversaire. Ce n'est que plus tard que j'ai compris pourquoi : elle m'avait eu très tard et ne voulait pas que je puisse penser que je sois « un enfant de vieux ». Elle se trompait, car je l'ai toujours trouvée beaucoup plus jeune que les parents de mes copains. Elle était une femme moderne en tous points et fuyait la compagnie des vieux, par peur de la contagion.

Elle parlait souvent de ses parents et tout particulièrement de son père, dont la sévérité avait entaché sa jeunesse. Elle s'en est bien sûr plaint alors, mais ne lui a jamais reproché plus tard ; elle lui en était même reconnaissante.

Que n'entend-on pas parfois des adultes, en léger mal être, reprocher à leurs parents d'avoir été laxistes alors qu'ils étaient tout simplement libertaires. Rares sont ceux qui, finalement, reprochent une certaine sévérité à leurs parents. Je ne suis pas un chantre de la sévérité, bien au contraire, j'ai le sentiment que j'en aurais plutôt manqué, dans mon rôle de père ; mais qu'en pense mon fils ?

Son père, à elle, Alcide Laguerre était un petit fonctionnaire à l'Octroi de Paris, cet impôt à payer en franchissant une des portes de la ville. Il avait reçu lui-même une éducation stricte, au point qu'il écrivait sans faute et d'une belle écriture. Fonction de douanier oblige, il n'y avait pas encore de machine à écrire. J'ai dans un grand dossier un écrit de la main de Michel Laguerre (né en1843), père d'Alcide, où il décide de raconter à sa famille (c'est décidément une manie dans la nôtre) sa vie et ses origines. Le tout est très émouvant, mais un peu ennuyeux, car il nous perd dans des détails, peu importants de nos jours : l'armée (de Napoléon III) avec force détails, les grades, les décorations, la discipline, les guerres (70) et la commune, la famille. Il finit sa carrière à l'octroi où il fit entrer son fils.

Son père, donc, soucieux de l'éducation de sa fille, lui imposait une dictée hebdomadaire jusqu'à l'âge de 15 ans. Bons résultats : parce que ma mère à 80 ans trouvait un malin plaisir à faire les dictées de Pivot et s'enorgueillit de ne faire qu'une à deux fautes maxi (là où j'en aurais fait plusieurs dizaines).

Moins bon résultat : À 16 ans elle fit sa première fugue et ne revint à la maison qu'entre deux gendarmes. Elle passa brillamment son BAC, ce qui était exceptionnel pour une femme dans les années 20. Elle quitta au plus vite la maison parentale pour se libérer de l'étau paternel, trouva de petits boulots puis entra chez Callot – Haute Couture –. Elle est mannequin et pose pour la presse ; parmi les nombreux clichés que j'ai découverts, certains étaient destinés au New York Times. J'ai déjà dit combien elle était belle, grande, mince et non maigre comme nos jolis squelettes d'aujourd'hui. J'ai toujours admiré sa silhouette plus que les traits de son visage. Elle avait aussi une peau, que je n'ai jamais vue bronzée, d'une finesse extrême.

Elle rencontre alors, par le truchement de sa sœur modéliste chez Callot, le champion Jean Pierre Stock, marié, un enfant. Nul doute qu'elle l'a contraint à divorcer rapidement pour poursuivre leur relation et se marier le 29 juillet 1931 à la mairie du 14e arrondissement, et former un très beau couple. J'ai raconté à travers la vie des Stock, leur vie commune heureuse jusqu'au départ pour le Venezuela et la mort de son cher mari si loin d'elle et de nous ses enfants.

Pendant cette période, ses rapports avec ses parents s'étaient améliorés, oubliées aussi les escapades de jeunesse. Les deux filles Laguerre avaient enterré la hache du même nom… Ma tante et ma mère ont toujours été plus proches de leur mère, et on les comprend. « Elle arrondissait les angles ». Quand pendant la guerre cette mère est tombée malade de la tuberculose comme son mari, **J.P.** ne l'a pas dit à Madeleine. Était-ce pour lui épargner cette peine ou protéger sa santé ? Toute la famille en a voulu à **J. P.** et en particulier ma tante qui était surprise d'être seule à l'enterrement de ses parents. Elle garda jusqu'au bout une petite rancœur.

Les deux filles Laguerre se retrouvaient plus volontiers autour de leurs parents qu'entre couples. Ils étaient si différents : les uns limite jet-set sans enfant, les autres modestes instituteurs et famille nombreuse. Les uns plutôt droite libérale, les autres laïques et militants communistes, mais tous campeurs de la première heure et amateurs de mer. Mon oncle Mich, en vareuse et béret à pompon rouge sur ses photos de bidasse, se vantait d'avoir fait son service sur un porte-avions. Quand à 12, 13 ans je l'avais mis à l'épreuve sur mon petit voilier, catastrophe il ne savait même pas barrer un voilier de trois mètres ! On s'était fâché quelque temps.

Après le départ pour le Venezuela, notre mère se retrouva seule en Allemagne où elle travaillait dans une entreprise de transport, pour élever ses deux enfants. Je n'ai pas de souvenir précis de cet épisode de la vie de notre mère. J'avais moins de trois ans.

Mes premiers souvenirs datent de notre arrivée en France et en premier lieu à Jullouville dans la baie du Mont Saint-Michel. Mon oncle qui avait été prisonnier plusieurs années en Allemagne venait de redécouvrir (1945) un achat qu'ils avaient fait avant-guerre, et qu'ils avaient oublié pendant ces périodes troublées : un petit terrain sous les pins ou d'année en années ils allaient perfectionner un cabanon pour les vacances. Un véritable paradis où allait se retrouver toute la famille de génération en génération, le temps des vacances.

En 1950 ce n'était que camping. Je me souviens encore du grand marabout sorti des surplus de l'armée américaine où nous dormions tous sur des lits de camp couleur kaki comme la tente et dont l'odeur imprègne encore mes poumons.

C'est aussi l'année de la mort de J. P. Stock là-bas et dont je n'ai aucun souvenir. Je doute même qu'on m'ait prévenu. À quoi bon puisque je ne le connaissais pas ? Ma mère Madeleine ne serait plus jamais Nicole.

Nous nous retrouvons quelque temps après dans la villa de Riva Bella, et puis pour la rentrée en Normandie aux Damps près de Pont de l'Arche où nous attend l'oncle Paul. C'est alors que notre mère entame une nouvelle vie, sans transition. Et que commence véritablement la mienne.

Dès lors la somptueuse demeure des bords de l'Eure dite « La Résidence » abrite Monsieur Paul Péronne et Madame Madeleine Stock et ses deux enfants Stéphane et Loïc. Ils allaient très rapidement devenir des personnages importants du village. Lui entrepreneur reconnu, à l'élocution facile, plus rural que citadin, et d'un abord agréable, fut rapidement élu maire de la commune. Elle, qui n'a rien d'une dame patronnesse, fait cependant discrètement du social par empathie et non par devoir. Les gens l'aiment, apprécient sa franchise et sa gentillesse, voire son culot. Car dans les années 50, la tendance n'était pas encore aux familles recomposées. Nul doute que les familles bien pensantes regardaient cela de travers. On racontait même que Péronne aurait une femme et des enfants ailleurs. Elle signe Mme Veuve **J.P.** Stock, un nom connu, mais pas d'ici. Lui va à la grand'messe du dimanche et chante à la chorale, tandis qu'elle fait son marché. Tout le contraire d'ici où les femmes vont à la messe et les hommes vont boire un canon sur le marché. Elle conduisait une Coccinelle WW ; pas étonnant avec un nom pareil, et vu qu'ils arrivent tout droit d'Allemagne. Et quand elle a eu sa petite Dauphine Gordini elle faisait wroum wroum comme les hommes. En 56 (crise de Suez) elle se déplaçait à Vespa, casque et culotte de cheval à 50 ans tandis que toutes les femmes de cet âge étaient sous leur fichu, toutes de noir vêtues et ne se déplaçaient qu'à pied. Et puis même qu'elle allait à la chasse… avec un fusil ! Au banquet des anciens, où elle accompagne monsieur le maire, elle chante des chansons polissonnes, du Brassens et son tube absolu « le fiacre » d'Yvette Guilbert. Chanson dans laquelle la chanteuse en fiacre dans les bras de son amant (Leon ôte ton lorgnon) voit son mari passer sous un autre fiacre (chouette c'est mon mari !). Les vieux, la « bis » et lui réclament chaque année.

Notre mère n'admettait pas tout ce qui se faisait par habitude, tradition ou convenance. Par exemple : pour la première communion, la tradition voulait que les familles se fendent d'agapes de plusieurs jours et surtout habille de la tête aux pieds les enfants de tenues somptueuses et fort coûteuses. Voir des gens très pauvres s'endetter gravement à cette occasion « pour faire comme les autres » bouleversait notre mère. Quand ce fut notre tour à Steph et moi de faire notre communion, traînés par l'oncle Paul, notre mère entreprit d'abolir cette tradition. Elle proposa un système de location d'aube, et pour la première fois dans la paroisse quelques communiants, dont nous deux bien sûr, étaient en aube blanche au milieu d'une foule grise de gamins en costumes et voilette. L'année suivante, il n'y avait plus que des aubes.

J'ai une photo de moi en aube que je ressors à chaque fois que l'on me traite de mécréant ; elle est bien rangée dans un tiroir à la disposition des générations à venir en témoignage d'une coutume ancestrale. À moins que le monde ne devienne plus religieux ?

Dans un autre genre d'innovation, maman ne supportait pas de voir ses pauvres petits chéris traîner à bout de bras un cartable très lourd sur le chemin de l'école. C'est ainsi que mon frère et moi avons été les premiers à porter le cartable sur le dos dans le village et peut être en France, car il s'agissait d'une tradition qu'elle importait d'Allemagne. Mon frère avait honte et le prenait à la main en approchant de l'école. Déjà conformiste !

Il serait honnête d'ajouter à sa décharge que nous portions des culottes de cuir à bretelles, comme là-bas – Inusable ! Proclamait notre mère – nous étions au lendemain de la guerre – contre les Allemands, faut-il le rappeler – que nous parlions allemand entre nous et servions d'interprètes en classe aux enfants des ingénieurs allemands venus pour la construction de l'usine. Quelques enfants, revanchards comme leurs parents, nous avaient traités de Bosch à notre arrivée.

Leur couple, car il faut bien l'appeler ainsi, vivait sa différence en toute indifférence, jusqu'à ce qu'il soit reconnu. Notre mère se moquait bien des contingences sociales. L'oncle Paul avait un peu plus de mal à cause de son passage chez les jésuites. Nœud pap et baise-main à ces dames lui permettaient de faire oublier les histoires grivoises qu'il nous racontait en douce et tout le reste. Ils vivaient leur bonheur au grand jour en toute impunité.

Elle adorait recevoir, et la maison avait bonne réputation, au moins de ce point de vue. Repas d'affaires, assemblée annuelle des forestiers fournisseurs de bois (des bons vivants qui font honneur à la cuisine de Mme Stock et à la cave de **M.** Péronne), Repas entre élus autour de Mendes, et surtout les réunions de famille qui offraient aux parisiens une vie de château et quelques jours à la campagne. Toutes mes cousines tenaient absolument à être mariées aux Damps par l'oncle Paul en écharpe tricolore. Une aussi venait apprendre à conduire dans la nature avec sa Taty.

La table du séjour à laquelle ils avaient ajouté d'immenses rallonges pouvait accueillir plus de vingt convives. Je l'ai toujours chez moi… sans pouvoir la remplir.

Il y eut quelques drames au village, de ces drames de l'alcoolisme qui défrayaient régulièrement les chroniques. Ces mêmes drames qui poussèrent notre cher Député et président du Conseil à prendre des arrêtés limitant les droits de bouillir (distiller) et leur transmission de génération en génération. C'est aussi à Mendès, on l'appelait comme ça, que l'on doit la distribution de lait dans les écoles, et celle des Damps était au premier rang. Je me souviens très bien de la distribution du lait chaud et de yaourts pour ceux qui n'aimaient pas le lait à la récré de 10 heures qui écourtait d'autant la partie de balle aux prisonniers.

Deux de ces drames endeuillèrent particulièrement le groupe scolaire. Dans les deux cas à quelques années d'intervalle, le père avait tué la mère dans une crise d'éthylisme. On était tous très tristes pour nos camarades de classe orphelins du jour au lendemain ; mère morte et père en prison. On faisait tous des cauchemars la nuit en imaginant les scènes de violence : les cris, le couteau, le sang, les pleurs…

Au lendemain des deux drames, notre mère accueillait à la maison les malheureux enfants en attendant d'autres solutions plus pérennes. Les premiers, Guy et Sylvie, restèrent plus d'un an et je me souviens de notre tristesse à leur départ. Guy était un chasseur/pêcheur comme moi et je partageais plus de choses avec lui qu'avec mon grand frère (qui était plus petit que moi).

J'ai avec Guy un souvenir inoublié. Nous avions dégoté dans la rivière un endroit idéal pour poser des lignes de fond. On les accrochait sur les pieux des autres là où ils amarraient leur barque le temps d'une partie de pêche au coup. Impossible pour le garde de pêche de les voir depuis la rive, et quand bien même ; ce n'était pas nos fiches. Mais pour atteindre ces fiches plantées au bon milieu de la rivière, on montait sur les barques des autres, amarrées avec des chaînes suffisamment longues pour atteindre les fiches porteuses de nos lignes. L'un de nous deux se positionnait au bout de la barque – souvent moi qui savais nager – l'autre poussait la barque et quand la chaîne était tendue je pouvais atteindre la ligne, en principe. Cette fois Guy a poussé la barque avant de me prévenir. Quand la chaîne s'est tendue, la barque s'est arrêtée net et je me suis retrouvé la tête la première sous l'eau en plein milieu de la rivière avec mes bottes aux pieds et ma capuche de duffel-coat sur la tête. C'était en plein hiver. Notre mère ne nous avait autorisés à monter sur un bateau que si nous apprenions à nager. Quand je me suis pointé à la maison dans son bureau, j'ai pris une bonne raclée avant d'être frictionné dans un bain bien chaud. C'était sa façon à elle de dire qu'elle nous aimait trop pour qu'on lui fasse des coups pareils. On avait l'habitude Steph. et moi ; plus elle tapait plus on riait et plus on était rassurés, qu'elle nous aimait. P'ti Guy était bien penaud, le pauvre. On était secrètement fière de s'en être tiré. Ça soude.

Mais j'avais surtout eu du mal à admettre les raisons de leur départ. Notre mère avait eu beau nous expliquer : les services sociaux considéraient qu'ils étaient trop bien chez nous… Qu'il valait mieux les enlever de notre milieu trop élevé par rapport au leur. J'étais trop jeune pour comprendre.

Les autres, Nadine et Nicole sont restées à la maison jusqu'à ce qu'elles se marient ; soit une dizaine d'années. Enrichies du vernis social et culturel de Madelon, elles firent de beaux mariages. Je les vois encore aujourd'hui, 50 ans après.

La bonté et la générosité de notre mère étaient sans limite. Elle agissait plus souvent selon son cœur que par raison. Je n'oserais dire qu'elle était impulsive, car elle était cependant très calme et résolue. Ces décisions étaient sans détour et sans retour.

Elle ne connaissait pas la marche arrière… comme la Dauphine Gordini qui en fin de vie n'en avait plus aussi. Ainsi notre mère quand elle se rendait, malgré cette avarie, à Rouen en voiture connaissait toutes les places de stationnement avec porte cochère et toutes celles en pente avec marche arrière naturelle dictée par les lois de la pesanteur (Newton). À son retour elle nous racontait ses aventures avec tous ces hommes qui la poussaient complaisamment et qu'avec l'âge elle avait de plus en plus de mal à mobiliser.

Elle était jusqu'au-boutiste dans toutes ses entreprises, y compris amoureuse et son intransigeance lui valut quelques revers. Mais elle ne saurait l'admettre.

Son exigence, elle la mettait aussi au service de notre éducation. Rien n'était trop bien ou trop beau pour nous, ses enfants. Elle avait eu son comptant et c'était désormais à notre tour, quoi qu'il en coûte.

Je passe rapidement sur la lecture du soir avant le dodo qu'elle nous prodiguait chaque soir avec bonheur. À travers Le Voyage de Niels Holgerson, le Roman de Renard, etc., elle tentait de nous donner le goût de la lecture, mais ma dyslexie maladive m'a beaucoup freinée dans cette voie, les premières années.

Pour soigner ma dyslexie, elle a remué ciel et terre au point qu'on aurait pu croire que la maladie et son nom même, auraient été inventés dans les années 50 pour étudier mon cas : tests psy, tests QI, rééducation chez des thérapeutes pas encore appelés orthophonistes, cours de vacances avec dictées (c'est héréditaire chez Laguerre) et consultations médicales en tout genre…

Sa sœur Simo, ma tante, Mouty pour tout le monde, qui a été institutrice en CP (initiation à la lecture) pendant des décennies, était maîtresse en la matière et fort avancée dans l'étude des écueils à l'apprentissage de la lecture. Passionnée par le sujet, elle partait couramment le soir après l'étude sur son solex pour aller écouter sa prêtresse, une certaine Françoise Dolto. Quand nous passions leur rendre une visite, soi-disant amicale, je devais accomplir ma séance de lecture et mon désarroi était tel que j'ânonnais encore plus que d'ordinaire, troublé que j'étais par le pêle-mêle des photos de vacances en camping à Jullouville, étalées au mur avec mes cousines en maillot de bain. Elle dut admettre que mon niveau ne progressait pas de séance en séance, et finit par me promettre avec son optimisme légendaire que je guérirais avec le temps comme elle-même et sa sœur, ma mère. C'était un peu vrai, mais cela m'a pris soixante ans de ma vie ; et c'est loin d'être parfait aujourd'hui.

Un parfait honnête homme, nous avait appris notre mère, doit savoir monter à cheval. Elle nous conduisait donc une fois par semaine à Rouen prendre des cours d'équitation dans un manège. À l'époque il n'y en avait pas à tous les coins de rue (sous le sabot d'un cheval) comme de nos jours. Tout au long de ma vie, j'ai tenté de tenir cette promesse à ma mère, d'être un honnête homme sachant monter à cheval. Pour le cheval, malgré de gros efforts, il m'a fallu admettre que j'étais rétif au canasson… et réciproquement. Pour ce qui est du parfait Honnête Homme, elle a dû se satisfaire de l'homme honnête et elle s'en est contentée ; ouf !

Pour ce qui est de la musique, elle m'a offert ce qu'il y avait de mieux ; je lui en serai reconnaissant à jamais. En culture G j'ai bien des lacunes en littérature, et pour cause, je suis par contre incollable en musique (niveau Super Banco !). Notre mère nous avait inscrits aux Musigrains. Une fois par mois, elle nous conduisait jusqu'à Paris au théâtre des Champs-Élysées pour assister à ce qui était à la fois un cours de musicologie, un concert avec orchestre symphonique et une rencontre avec madame Ramos la délicieuse présentatrice. Elle avait certes un petit côté institutrice assise à son bureau face à la classe, mais elle au moins ne me demanderait pas de lire à voix haute. Elle menait son monde ((40 musiciens et 1000 élèves) façon Mireille en classique avec sa coiffure aux reflets bleutés façon Régécolor. Je n'ai rien perdu de ces séances, alors que mon frère dormait.

Un gentilhomme doit aussi pratiquer un instrument ; il s'agissait d'un magnifique Hérart demi-queue qui trônait au salon. Elle me faisait travailler régulièrement entre deux leçons du professeur monsieur Fiquet, entre les mains duquel est passé toute la famille. Elle me conduisait (elle aimait ça) régulièrement chez lui à Paris et assistait à la leçon, plus pour en retenir l'essentiel que pour me préserver de son homosexualité, ce qu'on m'expliqua plus tard. J'étais assez doué aux dires des autres, j'aimais bien, mais trop fainéant pour travailler suffisamment. J'ai atteint la Marche turque à l'adolescence et abandonné le piano. J'en veux beaucoup à l'adolescence de rendre les enfants aussi bêtes. C'est sans doute le plus grand regret de ma vie et le seul, je n'en ai pas d'autres à part peut-être… ?

Je m'y suis remis sur le tard. Le Herart avait été vendu avec la grande maison quand ma mère s'est trouvée en difficulté, à un couple de nouveaux riches pour en faire un bar. Aujourd'hui sur le piano droit que m'a acheté ma chérie je me contente d'improviser sur mes propres thèmes, toujours aussi flemmard pour déchiffrer.

Je partage avec la musique toujours le même plaisir, à préférer par exemple, un concert à toute autre sortie. La musique et en particulier le jazz se regarde autant qu'elle s'écoute, pour la vivre pleinement. Sans désavouer pour autant le plaisir que j'ai connu à écouter le Gramophone sur les genoux de l'oncle Paul.

Et pour parfaire notre éducation : Ouverture sur le monde et la nature.

Elle nous a permis de voyager, ou avec elle en voiture ou par nos propres moyens. Italie, Espagne, Allemagne, Angleterre, Hollande, sans jamais viser les terres trop lointaines, l'accent toujours mis sur le culturel (monument, musée, géographie…)

Pour ce qui est de la nature, l'oncle Paul y pourvoyait.

Enfin une tête bien faite ne tient pas sur un corps malsain. La leçon de **J.P.** Stock au moins avait tenu. Elle nous emmenait régulièrement à la piscine à Rouen (20 km), on avait déjà appris à nager à Riva Bella. Là-bas aussi l'Oncle Paul en tennisman pantalon blanc et Lacoste nous avait donné des cours sur les courts (petit exercice gratuit pour dysorthographiques). Je suis resté classé au tennis de nombreuses années après. Elle nous a mis sur des skis dès trois ans pour moi. Je pratique toujours et compte bien persévérer jusqu'à 80 ans, âge auquel, paraît-il, on ne paye plus les remontées dans certaines stations.

Pour ce qui est du corps sain dans ces années 50, notre mère, décidément très en avance sur son temps, était là encore très scrupuleuse, en diététique : yaourts et jus de fruits maisons, pas de beurre cuit, pas de sel, huile d'olive, épinard (dur !), levure et huile de foie de morue au petit déjeuner (dur dur !) et une pastille soluble de magnésium, jamais de régime, juste équilibrer. Cela lui a réussi jusqu'à 95 ans et à moi aussi, jusqu'à présent.

J'ai, dans les pages qui précèdent, raconté ce qu'a été le bonheur de mon enfance aux Damps entre maman et l'oncle Paul. Avec le départ, pour ne pas dire la disparition d'Hom'Paul, tout allait changer, surtout pour notre mère. Avec ce rideau qu'elle a tiré avec violence sur celui qui m'a donné l'image d'un père et qui s'est comporté comme tel, elle a voulu cacher puis nous faire oublier cet épisode pourtant si heureux de son existence et de notre vie à nous ses enfants. Elle nous a cassé son image avec une telle méchanceté qu'il était devenu du jour au lendemain, un être totalement infréquentable, et nous n'avions qu'à l'oublier. Ce qui arriva. (Jusqu'à aujourd'hui).

Pourquoi est-il parti ? Nous n'aurions pas même osé poser la question à cette mère en furie. Elle nous avait laissés entendre que c'était pour une autre femme, ce salaud ! Un de leurs fournisseurs (de bois) avait dit à ma mère au téléphone qu'il avait été heureux de faire sa connaissance lors du dernier passage de monsieur Péronne. Manque de chance ; elle n'était pas du voyage…

Je suis sûr qu'il n'a pas eu le temps ni même le droit de s'expliquer ou de demander pardon. Elle avait déjà préparé son baluchon derrière la porte.

Les jours suivants elle affichait une telle assurance, qu'il n'y avait pas lieu de s'inquiéter. Très vite notre mère poule déploya ses ailes pour nous protéger, nous rassurer. Car le vide était là au bord du nid et malgré ses mouvements d'ailes nous la sentions de temps à autre au bord du précipice.

Avec le départ de Paul, elle perdait aussi sa situation, ses revenus pour élever deux jeunes enfants et les pièces rapportées et pour entretenir un véritable château aux lourdes charges. Le quitter aurait signifié que nous le devions à cet autre cochon. Pas question. Elle n'imaginait pas de nous priver de ce privilège, le royaume de notre enfance. Elle était prête à se sacrifier pour ça, pour ne pas altérer la qualité de notre éducation. Elle nous confiait qu'elle avait eu sa part de bonheur avec son mari **J. P.** (oubliant ses 15 ans avec Paul) et que c'était à son tour d'en baver. On s'est, dès lors, sentis solidaires, incapables de l'aider vu notre jeune âge, mais prêts à lui accorder le droit de baisser tout naturellement notre confort de vie. Elle ne voulut l'entendre.

S'en suivit une période où nous avons senti notre mère vaciller. Cela nous était d'autant plus pénible que nous nous sentions impuissants. Elle avait certainement mené en douce des tractations avec Paul, au moins à propos de la maison. Elle ne nous tenait pas au courant, mais cela semblait s'arranger. Sa préoccupation première était de retrouver moyen de gagner sa croûte et la nôtre. Elle approchait de la soixantaine, et j'étais encore lycéen. Dans ses moments de panique, elle entreprit de jouer aux courses sérieusement en consultant cotes et pronostics dans les journaux spécialisés. « Votre père y jouait de façon scientifique aussi ; qu'est-ce qu'on risque ? » nous disait-elle. Dans la foulée, elle se mit à acheter des billets de la

Loterie nationale et répondait à tous les jeux des journaux et de la radio pourvu qu'il y ait des prix. Elle découpait les bons de réduction des annonces publicitaires et engrangeait les bons de fidélité et les points IMA et autre Ruche Picarde. Elle a même distribué des pubs dans les boîtes à lettres la nuit pour ne pas être reconnue.

Ces rêves furent vite décevants ; elle admit que statistiquement les jeux de hasard ne pouvaient pas nourrir son homme et encore moins sa femme, même en jouant sérieusement.

Cette période pour le moins difficile ne devait surtout pas nous priver de ski. Impensable ! Notre mère nous a donc inscrits dans la colonie de vacances de ski que mon oncle et ma tante, Mich et Mouty, ont monté dans leur association nommée Culture et Santé ; on ne devait pas être dépaysé : ça a un petit air de famille. Mais pour payer notre séjour (pas question de demander une aide à la famille), notre mère se fit embaucher comme cuisinière à la colo. Autant dire que ça a été du quatre étoiles au Michelin pour toute la colonie.

À son retour, forte de cette expérience et sur les encouragements de tout son entourage (sauf nous) elle décida d'ouvrir un restaurant. Au moins cela nous sortirait de l'embarras, mais voir notre mère se lancer dans une telle aventure à son âge nous effrayait un peu, mais c'était son choix et comme d'habitude nous n'avions qu'à nous soumettre.

Son idée première était de faire fructifier son seul capital : sa maison. Elle était donc devenue propriétaire de la grande maison et notre beau parc jadis, repaire de cow-boys et d'Indiens et de Davy Crokett, se trouvait amputé de deux parcelles assurément constructibles dans le bois, la part de l'oncle Paul sans doute. Mais pour ne pas devoir se séparer de la grande maison, elle choisit de convertir la petite maison des gardiens en auberge normande au milieu de son verger. La grande maison restait notre habitation, une folie, mais l'honneur était sauf. Elle l'a certainement conservée pour nous faire plaisir, en dépit des coûts d'entretien exorbitants. Pendant les mois de travaux, on put enfin l'aider : peintures, déco, jardinage, manutention.

Tout le monde était survolté ; la famille, les amis de maman, et même les copains de lycée venaient un peu à notre secours. Le budget était visiblement limité et l'entreprise tellement osée que tout le monde avait envie d'aider Madeleine et ses gosses. La veille de l'ouverture, on posait encore des dalles de récupération pour finir l'allée d'entrée. Nous étions tous épuisés, et le jour venu, notre mère était seule devant ses fourneaux, morte de peur à se demander si ça allait marcher.

Elle n'avait jamais fait un tel métier, elle savait certes cuisiner et recevoir, mais servir seule 30 couverts tous différents au même moment était une épreuve insurmontable pour qui n'est pas du métier ; et pourtant elle réussit. Je me souviens encore, avec la sueur au front de ce qu'on appelait à juste titre en cuisine, le coup de feu du service. Elle racontait avoir fait toute sa vie un travail intellectuel (secrétaire générale et gérante de société) et qu'à cet instant la concentration demandée était bien supérieure, avec obligation de résultat, dans l'immédiat. Que je sois présent ou bien ailleurs, je partageais chaque jour à l'heure du repas, avec anxiété, sa souffrance. Vont-ils arriver tous ensemble, pourvu qu'ils prennent l'apéro que j'ai le temps de finir d'éplucher la salade, que je ne me crame pas les cils comme l'autrefois en flambant les rognons sauce Madère, je n'ai pas assez de crêpes d'avance et faut que je pense à mettre la minuterie du four, si je carbonise les fonds de tartelettes je suis foutue…

J'ai aussi des souvenirs de franche rigolade dans la cuisine : Madeleine proposait des escargots de Bourgogne en entrée, ils étaient présentés par six (la demi-douzaine au menu) dans des craquelons de terre, qu'il suffisait de sortir du frigo et d'enfourner dans la rôtissoire à la commande. Tout c'était toujours bien passé jusqu'au jour où une nouvelle variété d'escargots que nous avons aussitôt qualifiés de sauteurs, pouvaient sous l'effet de la chaleur traverser la cuisine après une véritable détonation. Impossible de servir en salle une demi-douzaine de 5 escargots. Panique en cuisine et chasse à l'escargot tous à quatre pattes à la poursuite du sixième, quelle franche rigolade ! Quel défoulement aussi ! Petit à petit, le succès grandissant, ma mère put enfin être secondée et embaucher du personnel, et mettre fin au véritable calvaire que furent ces premières années. Je parle cette fois de ma mère et non plus de notre mère, car mon frère n'était plus à la maison (coiffeur marié à une coiffeuse Paris 13iéme) et n'a pas vécu sa souffrance.

Elle a été victime d'une fracture du col du fémur (fracture dite de fatigue). Elle ne s'est pas arrêtée, elle cuisinait avec deux béquilles. J'étais au lycée en terminale, elle avait été obligée de m'excuser auprès du proviseur pour mes absences devenues indispensables. Je n'ai pas eu mon bac cette année-là.

L'auberge de la Pomme était un endroit chaleureux et beau, comme tout ce qu'entreprenait ma mère. Feu dans la cheminée ou déjeuner sous les pommiers selon la saison, cuisine dite bourgeoise, tout fait maison, un seul menu avec trois plats au choix par rubrique, prix raisonnables et musique d'ambiance exceptionnelle. Là je me vante un peu, car j'en étais le responsable. Sur un gros magnétophone à grandes bandes j'avais enregistré une dizaine d'heures de musique : pour le classique, de Vivaldi à Debussy et pour le jazz tous les grands de cette période exceptionnelle des années 60 : Jazz Messengers, MJQ Miles Davis, Coltrène. Dave Brubeck. Django, Erroll Garner… j'étais déjà amateur. Sur la terrasse un jour j'ai même servi Serges Gainsbourg qui venait régulièrement à Louviers chez Philips. C'était avant Gainsbar du temps des p'tis trous toujours des p'ti trous. Il était presque beau et modeste à l'époque.

Bref ; on allait chez Madeleine !

J'ai vu à ce moment ma mère s'éreinter au travail à un âge où elle aurait dû être à la retraite. Elle finit par admettre que nous pourrions nous séparer de la grande maison. Ce qui fut fait sans le moindre regret (regrets, ne connaît pas), pas même celui des années heureuses auprès de l'oncle Paul. Quel soulagement ! Avec les sous elle aménagea un petit loft cosy au-dessus du resto et deux chambres pour le personnel au deuxième. J'avais bien un lit dans un coin, mais j'atteignais l'âge où l'on découche volontiers.

Le drame pour moi, quand elle a ouvert son auberge, était que du jour au lendemain je me suis senti indésirable dans les pattes de ma mère. Une bouche de plus à nourrir alors qu'il y en avait déjà beaucoup en salle. Ce n'était jamais la bonne heure pour que je mange, moi aussi, et manger quoi ? Regarde toi-même dans le frigo ! Non pas ça, j'ai peur d'en manquer. Quel changement avec la vie d'avant ! Plus un seul repas ensemble, ces retrouvailles quotidiennes si précieuses. Plus un seul moment de répit pour échanger ; échanger quoi ? Trop absorbée, pas le temps. J'aurais pu à un moment reprendre l'affaire ; cela aurait arrangé tout le monde. Pas question que je fasse subir un tel calvaire à mes enfants, si un jour j'en ai. Ça a l'air compliqué ?

Les seuls moments sympas étaient le jour de fermeture hebdomadaire. Son grand plaisir était, alors, d'aller manger au restaurant. J'étais heureux de la sentir enfin un peu détendue et c'étaient nos retrouvailles de la semaine. Elle était drôle à critiquer systématiquement tout ce qu'on nous servait et comment on nous le servait. On en riait. Il m'arrivait de me faire tout petit, malgré mon mètre quatre-vingt-dix, quand elle s'apprêtait à faire une réflexion au serveur ou au patron. Quelques fois je parvenais à la retenir.

Avec les sous de la vente, elle s'offrit et nous offrit un petit plaisir. Quand elle pût enfin s'accorder un mois de fermeture annuelle, elle acheta une petite maison de pêcheur à Majorque, comme l'avaient fait d'autres de ses amis, dans un petit village à l'écart des touristes. On avait le sentiment de revivre un peu. C'était une petite somme qu'elle devait acheminer en liquide. Et ce fut bien le cas.

Sur le bateau qui nous menait de Barcelone à Palma, nous avions décidé de nous baigner en pacha au soleil dans la piscine du pont supérieur. Ma mère qui, j'avais oublié de le mentionner était très étourdie, elle avait toujours la tête ailleurs, plongea dans la piscine, oubliant la liasse de billets de banque qu'elle avait collée sur le ventre. Quand au bout d'un moment, nous nous sommes rendu compte que nous nagions au milieu de billets, comme dans les films, nous avons tout repêché dans la panique générale et fait sécher les biftons sur un transat entre nous deux. Ouf !

On profita quelques années de ce petit paradis, avec sa treille et son puits d'où ne sortait pas toujours la vérité. Avec les copains, on y côtoya souvent le septième ciel, car les Baléares étaient un haut lieu de drague de réputation internationale qui nous donnait l'occasion de parfaire nos langues. On avait même réussi à persuader les parents que l'endroit paisible était favorable à la révision des examens. Le bachotage sous les amandiers avait une saveur particulière… surtout la nuit.

Notre mère nous demanda un jour l'autorisation de se séparer des Baléares pour améliorer sa modeste retraite. Nous, on était content pour elle d'autant que l'accès nous paraissait aussi de plus en plus lointain ; et puis nous avions passé l'âge de la drague forcenée et nos progrès en Allemand et en Anglais étaient satisfaisants. On avait ici tout ce qu'il faut sous la main… si l'on peut dire.

Elle avait amplement dépassé l'âge de la retraite quand cette intellectuelle quitta enfin ses fourneaux pour mener une vie plus conforme à ses goûts

La Pomme connut des fortunes diverses avec ses multiples repreneurs. Madeleine n'était plus là. L'auberge aujourd'hui a pris quelques galons – une étoile au Michelin – et perdu beaucoup de son charme. Je n'y suis jamais retourné. Quand une page est tournée… Je suis bien le fils de Madeleine. « Les Quins font pas des Quats ! », comme on dit en Normandie (comme partout d'ailleurs). De toute façon c'est un peu trop cher pour ma bourse. Pas de remords.

Madeleine est redevenue Maman, quand, libérée de ses galères, elle est venue s'installer dans une modeste location à Poses au bord de la Seine à quelques kilomètres de chez moi. J'étais encore célibataire et travaillais beaucoup à mon tour. Elle avait un besoin absolu de se rendre utile, elle venait me soulager de travaux d'écriture et de comptabilité et me déposait régulièrement de ses petits plats. Elle faisait de nouveau beaucoup trop pour moi, mais j'avais le sentiment d'être un peu sa raison de vivre… après ses deux caniches.

L'heure était venue pour moi de lui rendre un peu de ce qu'elle m'avait donné. Je savais que cela lui ferait plaisir ; avec un ami bricoleur, après l'avoir restauré nous lui avons offert un cabriolet

Peugeot 404 rouge pompier. Le modèle ne se fabriquait déjà plus depuis de nombreuses années, mais il était un peu mythique dans la famille. Maman (75 ans) au volant de son cabriolet, avec ses deux caniches oreilles au vent, était dans le quartier une véritable icône vintage. De quoi lui rappeler la Bugatti de sa jeunesse. Je lui empruntais de temps en temps pour promener mes chéries (ça aide).

Toujours par empathie et pour mettre ses compétences au service des autres, elle fut de nombreuses années, secrétaire de « L'Association des Vieux travailleurs » du village alors qu'elle faisait fonction de présidente. Les honneurs c'est pour les autres.

Ma mère avait de moins en moins d'amis. À cause de l'âge, beaucoup étaient partis avant elle, heureusement lui restait les jeunes, et elle préférait. En plus elle avait opéré une sélection drastique. Elle avait éliminé : les tamalous, les snobs, les réacs, les fourbes et les lèche-bottes à l'exception des bons joueurs de Belotte ou de Coinchée. Elle préférait côtoyer ceux qui n'étaient pas de son milieu, son milieu de jadis. Elle avait le don de leur communiquer le petit plus qui fait la différence et ceux-là lui en étaient éternellement reconnaissants et très attachés à sa personne.

Vers 85 ans quand elle se sentit vieillir, elle décida d'elle-même de quitter cette maison sans confort et chambre à l'étage. Elle cessa de conduire sa voiture et se sépara de ses chiens et mit en vente ses plus gros meubles. Elle avait trouvé dans un foyer logement un délicieux petit logement de plain-pied avec terrasse et jardinet facile d'accès pour moi et ses amis de scrabble et de belotte.

Elle tomba gravement malade, fut hospitalisée. Quand le médecin me fit venir, c'était pour m'annoncer qu'elle était au plus mal, que les radios révélaient une énorme tumeur à l'estomac et que ses jours étaient comptés. J'étais bouleversé et craignant le pire j'ai prévenu les proches, jusqu'à une nouvelle communication du médecin qui s'excusait d'avoir commis une erreur d'interprétation ; la tumeur n'était autre qu'une monstrueuse hernie hiatale. Ce médecin m'a réconcilié avec le milieu médical ; non seulement il admettait son erreur, mais en plus il avait poursuivi ses investigations pour sauver une vieille dame de plus de quatre-vingts ans. Ma mère a vécu heureuse une dizaine d'années supplémentaires en soignant sa hernie. Elle-même, qui toute la vie, s'était montrée rétive à la thérapeutique, ne faisant confiance qu'à la nature, était sur le point d'admettre les bienfaits de la médecine. Elle se sentait dopée pour atteindre l'an 2000 qu'elle convoitait depuis bientôt un siècle.

Pendant ces années elle a lutté avec son esprit contre la vieillesse, celle aussi qui s'en prenait irrésistiblement à son corps. Ce corps, jadis si beau et dont elle avait pourtant pris soin à travers les épreuves, la trahissait maintenant. Son dos se courbait soumis à une ostéoporose bien féminine. Elle en souffrait beaucoup et pas seulement dans son corps. Le reste de la mécanique fonctionnait tant bien que mal, bien que ses chiens ne la promènent plus depuis quelque temps. La perspective du fauteuil roulant obscurcissait son horizon, comme un gros nuage menace le laboureur. Elle continuait inlassablement à se cultiver. Elle avalait les livres comme ceux de son âge avalent leurs médicaments. Sa bibliothèque faisait office de pilulier. Elle avait été toute sa vie une véritable militante de l'intelligence ; elle savait mieux que personne prendre ses distances avec la bêtise. Elle savait à travers un regard ou une expression déceler chez l'autre, la petite lumière qui illuminerait la conversation d'un instant ou une amitié durable. Elle ignorait les imbéciles sans pour autant être élitiste. Elle fuyait même les élites. J'ai peur de faire là le portrait d'une petite vielle acariâtre. Erratum : Elle était gaie, chaleureuse et accueillante. Sa fraîcheur d'esprit était intacte. J'avais un réel plaisir à partager un moment avec elle ; l'entendre commenter l'actualité. Elle suivait le sport à la télévision : l'athlétisme comme dans sa jeunesse et le tennis. Elle connaissait tout du tableau et des joueurs de Rolland Garos. Elle s'insurgeait régulièrement contre les fautes de syntaxe commises par les journalistes et n'hésitait pas à envoyer un courrier à la direction de la chaîne. J'écoutais ses conseils de lecture, et venais volontiers partager un verre de vin ou une tasse de thé. À plus de 90 ans, sa curiosité intellectuelle était intacte.

On aimait se retrouver chez elle avec mon fils, alors collégien. Ils s'aimaient bien eux aussi. Elle était fière de son petit-fils. Pensez donc, il venait lui tenir compagnie… à son âge (avec sans doute quelques friandises à la clé). Lui, au moins, aura eu la chance d'avoir une grand-mère ; et quelle grand-mère !

Elle allait atteindre ainsi et comme promis l'an 2000, et puis s'éteindre avec regret – il lui restait tant à découvrir – et soulagement, tant son corps la faisait souffrir.

Je l'ai tant aimée… mais pourquoi est-elle partie dans la tombe sans me livrer son terrible secret ?

Seconde partie

V
Et moi, Loïc Stock

Pour qui se prend-il celui-là ?

Après l'indice suggéré dans la page précédente, je me dois de compléter cette histoire pour éviter la « rupture de Stock » en racontant jusqu'à ma vie, sans pudeur et sans trop l'édulcorer, ce qui n'est pas nécessaire tant elle fut heureuse. Ces pages sont la suite, et moi le produit de ce passé, le descendant de ces personnages et même le fruit de l'amour de deux d'entre eux, au moins.

Le temps qui s'écoule ne m'a pas permis de connaître les plus anciens, ils ont par chance laissé leur trace dans l'Histoire. Le temps, suspendu dans les tiroirs de souvenirs m'a accordé la grâce de voir revivre les moins célèbres. Mais aujourd'hui, le temps avec la mort m'a privé des explications que j'étais en droit de réclamer aux derniers survivants que j'ai côtoyés. Sans recours, je mourrai à mon tour, sans avoir compris.

Certes, ma notoriété ne dépasse pas le coin de la rue (mais ne sait-on jamais). Elle s'appelle « Rue des Masures ». Cela me va bien, non que je sois à ce point délabré, mais ça fait terroir… et ça, ça me convient. Les vies tumultueuses de mes aïeuls (ancêtres fait vraiment vieux schnock) et autre pièce rapportée (l'oncle Paul) m'ont incité à rêver une vie plutôt paisible, quoi que ! À l'heure où l'on incite à la grande mobilité et prône les voyages, je revendique mon enracinement dans mon petit coin de Normandie. J'ai à mon compteur un seul déménagement de 4 km. J'ai quitté la rue Monte au Ciel de mon enfance, à la fois vertigineuse et inquiétante, pour celle, en apparence plus calme, des Masures, dans le bled d'en face. J'ai quitté les bords de l'Eure pour ceux de la Seine. Du moment qu'il y a de l'eau…

Rêver d'une vie sans histoire, à mes yeux aujourd'hui, a quelque chose de médiocre, voire honteux. Ce n'était qu'un rêve idiot de jeunesse.

Ce qu'on peut être vieux quand on est jeune et jeune quand on est vieux. Hum maman !

J'ai, au bout du compte (je n'y suis pas encore), vécu une vie certes plutôt sédentaire – écolo oblige – mais tout aussi mouvementée que d'autres… Hum oncle Paul !

Mon milieu social d'origine était sans conteste aisé, de la classe des grands bourgeois. Mais ces grands bourgeois que furent Madeleine, Jean Pierre, Paul ont piétiné les valeurs bourgeoises et leurs règles de bienséance.

Mon inconscient, je n'oserais dire mes gènes à ce stade de mon récit, m'a poussé à fuir à mon tour, cette vie bourgeoise que dénonce si joliment Jean Richepin par exemple dans les « Oiseaux de Passage », ce merveilleux poème mis en chanson par Brassens. Il y a, comme celle-là, des pages qui vous touchent et que vous avez à cœur de partager :

Oh ! Vie heureuse des bourgeois ! Qu'avril bourgeonne
Ou que décembre gèle, ils sont fiers et contents.
Ce pigeon est aimé trois jours par sa pigeonne ;
Ça lui suffit, il sait que l'amour n'a qu'un temps.

Ce dindon a toujours béni sa destinée.
Et quand vient le moment de mourir, il faut voir
Cette jeune oie en pleurs : « C'est là que je suis née ;
Je meurs près de ma mère et j'ai fait mon devoir »

Elle a fait son devoir ! C'est-à-dire que oncque
Elle n'eut de souhait impossible, elle n'eut
Aucun rêve de lune ; aucun désir de jonque
L'emportant sans rameur sur un fleuve inconnu.

Et tous sont ainsi faits ! Vivre la même vie
Toujours pour ces gens-là ce n'est point hideux,
Ce canard n'a qu'un bec, et n'eut jamais envie
Ou de n'en plus avoir ou d'en avoir deux.

N'avoir aucun besoin de baisers sur les lèvres
Et loin des songes vains, loin des soucis cuisants,
Posséder pour tout cœur un viscère sans fièvre,
Un coucou régulier et garanti dix ans !

Dans les couplets suivants, le poète, assimilant les bourgeois à la volaille des basses-cours, évoque leur trouble quand passent dans le ciel les oies sauvages, symbole de liberté, comme lorsque les gueux qui chantent sous leurs fenêtres dérangent les bourgeois.

Je n'ai pas vécu comme un sauvage, mais de ma mère m'est resté son côté rebelle. On m'a aussi dit toute ma jeunesse que je lui ressemblais physiquement. Je prenais cela pour un compliment et que mon frère ressemblait à notre père. Tout cela était en fait faux… (à suivre).

J'ai déjà longuement évoqué le bonheur de ma prime jeunesse et combien elle avait imprimé en moi ce goût de la nature. Cette enfance je l'ai prise pour modèle pour élever mon fils, en dépit de la console Nitendo que j'avais eu la chance de ne pas connaître. Je suis aujourd'hui désespéré de voir le monde s'éloigner à ce point de la nature (80 % de la population mondiale est concentrée en ville). Je persiste à croire que pour sauver la nature, il faut l'aimer et pour cela la connaître. J'espère que ceux qui dans mon entourage prétendent le contraire ont raison quand ils me disent que les générations nouvelles apprennent la nature par Internet et connaissent mieux les agressions qu'on lui porte, que la voix de Greta Thunberg est plus entendue dans le monde aujourd'hui que ton René Dumont des années 60, etc.

Puisse cette génération moins gaspiller les ressources de notre pauvre terre, que l'on va leur laisser dans un triste état. J'ai une honte honteuse à la pensée que dans quelques décennies on montrera du doigt ma génération comme celle qui a tout gâché et gaspillé sans se soucier de l'avenir par pur égoïsme.

À ce propos je dois tirer mon chapeau à ma mère, une fois de plus, pour n'avoir jamais autorisé la télévision à la maison. Je n'ai jamais eu à en souffrir. Je dois avouer tout de même qu'il m'arrivait d'aller voir Zorro et Rintintin chez les copains le jeudi après-midi. Sans trahir ma mère, je crois pouvoir dire que c'était à l'insu de son plein gré. Anecdote de la même époque, beaucoup moins avouable celle-ci : le samedi après-midi à l'école des Damps le maître descendait sa grosse télé dans son bureau et nous autorisait (les plus sportifs) à venir regarder les matchs du tournoi de rugby des cinq (aujourd'hui six) nations pendant que les autres avaient couture avec la maîtresse. « Allez les petits ! » (Roger Couder).

Ainsi, les journées entières (le Jeudi à cette époque) passées en tenue de trappeur (la panoplie de Davy Crockett avec toque et queue en peau de bête) dans le parc à observer les oiseaux, les matins brumeux à la pêche à suivre inlassablement le bouchon de ma ligne au fil de l'eau, mes feux de camp (on ne parlait pas encore de barbecue) dans un coin du jardin à faire rôtir mes prises, sont des images qui me reviennent à l'esprit régulièrement et surtout quand je devine derrière les portes closes autour de chez moi, tous ces gamins enfermés chez eux, rivés à leurs écrans, par une belle journée ensoleillée. Mon métier de jardinier (et ma pratique de la voile) m'a appris à composer avec le ciel et je suis toujours incapable de m'enfermer un jour de beau temps. Je n'aime pas cette expression qui assimile la pluie au mauvais temps. Je préfère l'adage qui qualifie de mauvais temps le temps qui dure : trop de soleil comme trop de pluie sont néfastes.

Cette enfance s'est poursuivie avec moins de bonheur au lycée à cause de ma dyslexie. Je dois cependant évoquer mes seuls bons souvenirs de scolarité que furent les années de 6e et 5e à pont de l'Arche. Après l'examen d'entrée en sixième, on avait été admis dans ces deux nouvelles classes dites « pilotes » du groupe scolaire. L'idée, au combien louable pour un handicapé comme moi, était d'assurer une transition douce pour ces ruraux que nous étions tous, entre l'école champêtre de nos villages et l'univers concentrationnaire des grands lycées des villes. Un professeur principal assurait toutes les matières à l'exception du latin et de l'anglais. Il était choisi parmi l'élite des instits. À leur contact j'avais la sensation de poursuivre l'éducation familiale. L'un nous emmenait peindre dans la campagne. L'autre jouait du violon en classe. On faisait de la menuiserie une fois par semaine dans un centre d'apprentissage, et régulièrement on visitait des usines et découvrait de nouveaux métiers. Ça n'a duré que deux ans. Après quoi on a construit un vrai CES. Je croise toujours sur le marché dominical du bourg des amis de ces classes et on boit des verres tandis que d'autres sont à la grand'messe. La belle vie comme avant ; je revois mon amoureuse de l'époque, elle a soixante ans de plus et a bien (ce n'est pas le terme) changé, je ne regrette rien, comme d'habitude.

Je n'ai pas envie de m'étendre sur mes années laborieuses au lycée d'Elbeuf, si ce n'est quelques anecdotes. On s'y rendait en tollé Tube Citroën équipé de bancs en bois et nous faisions réchauffer nos gamelles en salle de chimie parce qu'il n'y avait pas de cantine. Entre autres potes j'ai eu Franz Olivier Giesbert avec qui j'avais révisé mon BAC aux Baléares l'année où on ne l'a pas eu. N'ayant eu mon BAC qu'en septembre l'année suivante je n'ai pas pu intégrer l'école supérieure d'horticulture que je convoitais. En attendant, j'ai patienté en fac un an : 1968 un bon cru !

En raison des trajets et pas seulement, je ne vivais plus beaucoup chez ma mère au-dessus de la Pomme ; j'ose à peine dire que je l'avais croquée – c'est une image – avec une jeune femme **M.**, qui allait rester ma compagne quelques années. Cette relation a été bien sûr importante pour moi. Son caractère initiatique ne faisait pas de doute : **M** plus âgée que moi, était en instance de divorce et avait déjà une petite fille en garde alternée. On s'était rencontré en boîte, et j'étais fière de ce succès, je n'étais qu'un morveux échappé des jupons de sa mère. Elle espérait plus que moi de notre relation.

J'en demande pardon à **M**, mais ce qui a certainement infléchi le cours de ma vie en cette année c'est précisément : 1968. Étudiant, j'ai participé à toutes les manifs en ville, à toutes les AG en fac et parcouru tous les lieux de réflexion pour me forger une conscience politique jusque-là en sommeil, bien qu'éveillée par quelques JCR sympas en terminale. J'ai changé mon regard sur le monde capitaliste et ses profiteurs et sur la société de consommation et ses méfaits. Mais c'est surtout mon rapport aux femmes dans la société et dans le couple qui a été en quelque sorte inversé et mes soubresauts machistes mis en branle. Ma rencontre plus tard avec **D.**, une militante féministe a fini de me convaincre et a endommagé définitivement ma relation à **M**, toute féminine, elle. Je l'ai quittée pour cette autre. Cette séparation a été hélas douloureuse, comme toujours.

Je l'ai revue 25 ans plus tard à l'enterrement de ma mère. Elle avait refait sa vie et de nouveaux enfants. Nous avions déjà eu ensemble des soucis avec sa très grande fécondité. J'avais eu l'imprudence de la présenter à ma mère. Celle-ci l'avait adoptée (une de plus) comme pour me montrer qu'elle désapprouvait mon second choix. Elle a prolongé la situation jusqu'à sa mort… Dur pour nous deux **D** et moi !

J'ai fini par intégrer l'école d'horticulture et pour la première fois je me suis senti à l'aise (dans mes bottes) dans un établissement d'enseignement. À force d'y traîner mon niveau était enfin amplement suffisant pour ne pas dire légèrement supérieur – reposant ! Je découvrais avec bonheur le milieu agricole et toutes ses pratiques. Nous étions tous un peu de grands attardés enfin à l'aise, dans le milieu de notre choix. Nous vivions pour la plupart en internat à part les filles qui avaient leur chambre en ville. Les trois filles de la promo ont épousé des gars de la promo, pendant ou après les études. C'est dire combien on s'entendait et se complétait tous bien entre nous. Il faut admettre que c'était aussi l'âge et l'endroit où on sentait la sève qui monte. Pour ma part je retrouvais ma **M** chez elle pour le week-end comme un grand.

Nous sommes tous restés, anciens élèves, liés d'une franche amitié. Un noyau dur subsiste aujourd'hui, après 50 ans, nous nous retrouvons chaque année chez les uns ou les autres à travers la France, là où chacun a pris racine. On s'aime.

J'ai appris là un peu de mon métier de paysagiste ; le reste je l'apprendrai sur le tas et j'avais hâte. Dois-je préciser que tout ce que l'on m'a enseigné dans cet établissement public du ministère de l'Agriculture est de nos jours complètement obsolète ? Pire, 80 % des pratiques préconisées sont déconseillées ou interdites (insecticide, fongicide, herbicide, labour, taille, monoculture…). L'enseignement agricole ignorait l'écologie ; à en juger par ce que j'observe dans les champs, je doute qu'il ait beaucoup évolué. L'écologie a du mal à sortir de son ghetto des sciences et des lettres (ministère de l'Éducation nationale) pour infiltrer l'enseignement et les chambres d'agriculture du ministère du même nom. Quant aux syndicats professionnels, ils sont majoritairement sous la coupe des Lobbys de l'industrie agroalimentaire.

J'avais, pendant ces études, rencontré, sans doute à l'auberge, un groupe de jeunes architectes avec lesquels j'avais sympathisé et de temps à autre j'allais gratter à leur agence les soirs de charrettes et mettre à l'épreuve mon goût pour le dessin. Les projets étaient intéressants et j'étais flatté qu'ils sollicitent un paysagiste en herbe (facile) dès le démarrage des projets. J'avais peut-être un avenir dans la maison.

Bref, avant de me lancer enfin dans le monde du travail avec mon beau diplôme, j'ai difficilement tenté d'exacerber mon sens de la patrie et servir la nation pendant 12 mois dans une caserne. J'aurais aimé prendre mes distances avec mère et compagne ; changer d'horizon pour envisager un nouveau départ après l'armée. J'avais donc demandé à être incorporé (le mot en dit long) à la coopération le plus loin possible ou éventuellement en Allemagne pour me rappeler des souvenirs. Tout cela paraissait logique. C'était sans compter sur la logique militaire qui est toute contraire ; il aurait fallu demander à être à côté de chez soi pour avoir une chance d'être envoyé à l'autre bout du monde.

J'ai donc été appelé dans la Marine, certes, mais la Marine d'eau douce à Vernon dans l'Eure à deux pas de chez moi au 5e régiment d'artillerie de marine : les chars censés tirer par-dessus les fantassins lors d'un débarquement. Je me suis profondément ennuyé pendant un an à l'exception des activités sportives. J'ai fait partie de l'équipe de rugby de régiment, seul endroit où il n'y avait plus de grade à respecter ; faire enfin sa fête à un adjudant soulageait des brimades permanentes. Vite catalogué de réfractaire gauchiste, j'ai eu ma part.

Mes démêlés amoureux avec **M** progressaient sans prendre fin. Je voulais la ménager et surtout ne pas lui faire mal. Après quoi j'ai quelque temps vérifié que le prestige de l'habit militaire avait encore ses adeptes parmi la gent féminine, mais mon envie était ailleurs, du côté d'Argenteuil.

Du temps où j'étais à l'école pendant les vacances scolaires et même les week-ends, je faisais office d'accompagnateur et moniteur de ski dans une agence de tourisme tenue par un ami pour continuer à pratiquer (le ski et ses à-côtés) sans dépenser d'argent. C'est à l'occasion d'une colonie de vacances en Autriche que j'ai fait la connaissance de **D** pendant les vacances de Noël. Monitrice de ski elle-même, on avait dû s'affronter pour avoir le groupe des forts. Pour une fois je ne m'étais pas laissé faire, sûr que j'étais de mon niveau. Elle était sympa, intello d'allure sportive, les cheveux très courts, pas féminine, et à coup sûr le genre de féministe qui ne supporte même pas les blagues un peu cochonnes et légèrement sexistes que j'avais dans mon répertoire. On se faisait de grands bonjours sur les pistes tout en jaugeant en douce le niveau de l'autre.

L'agence de voyages avait bien fait les choses. Une berline Mercedes de 8 m de long emmenait les groupes de ski aux remontées, skis en vrac dans le coffre. Les enfants se prenaient pour des rois. On logeait dans une petite pension de famille cosy, style coucou autrichien qui aurait eu des cascades de géraniums aux fenêtres si ça avait été l'été. Bonne cuisine bourgeoise façon autrichienne à base de porc. On n'a pas échappé à la tradition locale au soir du réveillon de présenter au milieu de la table, une tête de porc entière avec persil dans les oreilles et laurier dans les trous de nez. Succès garanti auprès des enfants… et des adultes. Le soir après le coucher des enfants, les moniteurs se retrouvaient pour faire connaissance et papoter autour d'une petite poire et préparer la journée du lendemain. On pouvait enfin voir les filles de plus près et débarrassées de leur combinaison de skieuse. La **D** avait une conversation intéressante et rebelle qui faisait du bien à écouter au milieu de toutes ces traditions traditionnelles Autrichiennes. Elle avait un humour plutôt caustique, mais au moins elle en avait. Et des seins aussi, elle en avait : magnifiques, forts et fermes comme tout le reste. Moi qui quittais une femme liane (un peu loukoum), j'étais très intéressé. J'ai encore intact l'image de ces deux dorsaux que j'avais aperçus au creux de ses reins dans un mouvement, un corps d'athlète au féminin, je n'étais pas venu pour ça. Mon cœur et mes pensées étaient pour **M** qui vivait mal les distances que je prenais avec notre liaison.

Le séjour se passa dans une ambiance de franche camaraderie. Nous avons échangé nos coordonnées, j'avais réellement envie de revoir **D**, ça n'avait pas l'air réciproque, elle me traitait en soixante-huitard de province, elle, la pure et dure de Jussieu. Tant pis !

J'avais toujours ma 2 Chevaux, elle m'était utile pour rentrer le Week-end en Normandie et me permettait aussi de m'encanailler le soir à Paris depuis St Germain en Laye, notre école. Avec les amis d'école précités, nous reste le souvenir du bide que nous avions connu en déboulant un soir au Palais des Sports pour un spectacle intégral (l'Obs) de Johnny Hallyday. Nous nous étions déguisés en rocker, blouson de cuir, torse nu et bandana, alors que toute la salle était en costume cravate. Le comble de la soirée fut atteint quand l'Idole des Jeunes demandant à la salle (plutôt ramollo) s'il avait encore quelqu'un pour l'aimer dans ce monde ; les six gusses du fond (nous) ont dans un bon répondu OUI bruyamment. C'est à ce moment-là que d'un trop grand élan de sympathie pour Johnny j'ai cassé d'un coup de coude la dent sur pivot de mon voisin. Nous avons passé le reste du spectacle à quatre pattes dans les gradins à chercher la dent.

Plus « province » encore on l'était… au Salon de l'Agriculture (là ça se remarque moins). Nous faisions office de très officiels commissaires aux concours agricoles. On choisissait en général « Commissaires aux vins » et à tout ce qui pouvait se boire. On était autorisé à remporter toutes les bouteilles entamées (pour éviter le gaspillage, bien sûr). C'est à cela aussi que pouvait servir la Dodoche. Deux jours par an, elle avait le cul qui traînait par terre au sortir de la porte de Versailles. On stockait notre butin dans les salles de cours pour améliorer l'ordinaire de la cantine. Je pense que les promos suivantes ont rencontré des difficultés à maintenir la tradition. Après le dîner on retournait en classe pour faire une « partie d'indien » et par la même occasion, vider les bouteilles. Le principe du jeu était simple et sans équivoque. Plus tu te goures, plus tu bois et plus tu bois, plus tu te goures. Depuis, tous les ans quand on se retrouve, on tente une partie en souvenir de cette époque. On a une excuse, l'un est producteur d'Armagnac et l'autre de calva, mais on ne prend plus la route.

Rappelons-nous qu'à cette époque, il n'y avait pas de norme limitant la consommation d'alcool au volant. Il était fréquent d'entendre dire au lendemain d'un accident, « Il était bon chauffeur, mais il avait bu ». L'alcool comme une excuse ! J'ai perdu beaucoup d'amis de mon âge le samedi soir sur les routes sinueuses du bocage normand. J'y ai échappé.

Parmi les spectacles que je voulais voir, se jouait sur les boulevards HAIR, la comédie musicale dans le vent. J'ai pensé que cela pouvait être l'occasion de revoir **D** et que j'aurais plus de chance qu'avec un petit resto même bio au quartier latin. Trop province et le bio ne connaît pas ! Tout jardinier en devenir que j'étais, je préférais éviter ce genre de râteau…

Elle a accepté sans hésitation comme si cela lui faisait plaisir autant qu'à moi. Rendez-vous devant la porte du théâtre. On s'est tout de même reconnus sur le trottoir, bien que ne s'étant jamais vus autrement qu'en tenue de sports d'hiver. Elle était en pantalon sans fantaisie et moi, me méfiant de la Parisienne, j'avais mis un petit peu de Johnny dans mon fâcheux look province sans atteindre le niveau grotesque du Palais des Sports. En fait, je crois qu'elle s'en fichait.

Le spectacle résolument nouveau gai et entraînant, un poil provocateur, comédien nu sur scène (dont Julien Clerc), nous enthousiasmait. Au final, les chanteurs nous ont invités à monter danser sur scène avec eux. On s'est regardé puis on les a rejoints en courant. Dans les escaliers, je lui ai pris la main ; elle n'a pas dit non. On s'est éclatés dans des fumées d'encens sur « Laissons entrer le soleil ». Après le spectacle je l'ai reconduite chez elle ; on a papoté dans la voiture, sans même flirter. Quelque chose de plus profond se nouait.

On allait se revoir, un cinoche de temps en temps et un couscous au quartier latin, c'était le début de la mode, puis le Grecque, le chinois et petit macrobio qu'elle chérissait. J'aimais bien, ça me changeait de la cuisine normande de ma mère plutôt crème fraîche.

Elle était cinéphile et, pour payer ses études et s'éloigner de ses parents, elle travaillait à la fac dans un labo d'audiovisuel. Je me souviens avec bonheur du soir où elle m'a emmené voir « Jules et Jim », après la projection, nous sommes restés des heures à en parler dans la voiture sans pouvoir nous séparer. Comment aimer deux personnes à la fois ? Je devais être très bavard, je connaissais le sujet. Je ne lui cachais rien de mes histoires d'amour ; sous entendant que quand tout cela serait fini, nous pourrions peut-être nous aimer pour de bon ; elle semblait d'accord, sans le moindre empressement. Ça me changeait. Un jour que je lui avais écrit mes malheurs avec **M** (chantage au suicide), elle m'avait tout de même répondu « le malheur des uns fait aussi le malheur des autres ». J'avais été très touché et j'avais pris ça pour un aveu. Notre relation était particulière, sans passion et cela me reposait. J'avais le sentiment de creuser les fondations d'un avenir solide. Était-ce ça l'amour ? Je me méfiais tellement des passions.

Une nouvelle vie pour moi allait commencer. Service armé fini et ma vie avec **M** aussi. Je quittais définitivement le foyer familial et un peu ma mère. Côté cœur : **D** était en quelque sorte mise en réserve, je savais que je la retrouverai un jour ? C'était rassurant pour qui est en quête permanente d'amour – aimer et être aimé –. J'avais soif de liberté et aspirais à plus de légèreté après cette période pesante. Mais, surtout à 24 ans, j'avais hâte de rentrer dans la vie professionnelle.

Je retournais à l'agence d'archi, me refaire la main qui avait plus joué de la gâchette que du Stabilo ces derniers temps. Quel bonheur de se retrouver au milieu de gens drôles et intelligents après un an passé sous l'autorité de sous-offs bêtes et méchants, tout le contraire d'Harakiri en dépit des ressemblances. C'est alors que le boss me dit « Loïc, tous les projets que tu as dessinés arrivent à exécution, il est temps de les réaliser sur le terrain ». Je ne m'attendais pas du tout à cela, mais après tout l'occasion était bonne. Pour me mettre le pied à l'étrier, il me promit le gros chantier pavillonnaire des Damps où nous avions noué une relation à travers la Pomme (l'auberge de ma mère). Ma décision était prise, je me mettrai à mon compte et plus exactement à un compte en banque à un taux d'usure usant pour quelques années avec lequel j'ai dû acheter tractopelle et camion-benne. Mon cher Crédit Agricole m'ayant refusé tout prêt faute de répondant. Gordon, mon meilleur copain de l'école, membre du noyau dur, vint me rejoindre. C'était son surnom à l'école sans qu'on en connaisse l'origine, ça lui allait bien, avec sa grande barbe il aurait pu être sur l'étiquette du gin du même nom. Et « Allez les petits ! »

Je n'eus jamais les gros chantiers escomptés à cause d'une mauvaise gestion. La patronne, épouse de l'architecte, voyait toujours trop grand, elle avait même laissé une ardoise à l'auberge de ma mère. Elle a dû se souvenir longtemps de l'affront que lui avait fait cette dernière. Elle avait aussi des lubies ; il ne fallait pas que je mette de vert dans les rendus et les maquettes. Pas facile, quand il s'agit précisément d'espaces verts. Elle était néanmoins gentille et généreuse, facile quand on ne compte pas !

On a retroussé nos manches, posé des fosses septiques, des kilomètres de tranchées pour amortir le matériel et un peu de jardinage entre-deux. On avait loué un petit pavillon dans la campagne où l'on pouvait accueillir un jeune apprenti et aussi un dessinateur de l'agence. De temps en temps ma mère nous déposait une grosse potée. Le soir, après le souper, on se couchait tôt, morts de fatigue. Finie la vie d'avant. Je me souvenais qu'enfant, j'enviais le berger couché dans l'herbe au milieu de ses chiens et de ses moutons et qu'alors j'avais décrété : « Quand je serai grand, je voudrais être berger parce qu'on ne fait rien ! ». Au moins un rêve d'enfant que je ne réaliserai pas. Pire encore j'ai toute ma vie considéré l'oisiveté comme un péché, tout en accordant un caractère vital à la contemplation et la rêverie comme compensation. Mais là, nous n'avions plus le choix, il fallait faire face aux traites de fin de mois. Cela me rappelait les débuts de la CAF de l'oncle Paul. Nous avions la tête dans le guidon comme Gaspard.

Je souffrais tout de même de ce déséquilibre où le labeur qui prenait tout doucement prise sur le reste me rappelait les galères de ma mère. Alors, avec mon associé et un cousin qui passait souvent nous voir, on s'offrait en été, quand la végétation ralentit enfin, un moment d'évasion, resté mythique jusqu'à aujourd'hui.

En 2 Chevaux, toujours là, ou autre camionnette, nous partions pour Grandville dans la Manche, prendre la vedette pour les îles Chausey. Nous étions armés de crochets à crabes et de haveneaux. Attention, ne pas confondre Haveneau et Bichette, c'est comme torchons et serviettes. Le premier est de forme arrondie pour aller pêcher dans les rochers la crevette rose, appelée bouquet par chez nous. La Bichette ou Pousseux se pousse sur le sable pour la crevette grise. À Chausey on ne s'abaisse pas à ça. Le bouquet est roi.

Dans de gros sacs à dos, nous portions : eau douce, vin blanc, pain, café, thé, allumettes et du papier pour allumer le feu et du tabac. Le challenge consistait à ne se nourrir que des produits de notre pêche et tenir au moins cinq jours. Au débarquement de la vedette dans l'île, il fallait se faire discret, car tout camping était interdit, c'est pourquoi nous n'avions pas de tente, mais seulement duvets et bâche plastique, au cas où. Nous devions préalablement choisir sur la carte marine le caillou qui ne devait pas être recouvert même aux grandes marées. À marée basse, nous partions à pied à la recherche de la bonne île. Selon la légende, il y en a 365 à basse mer et plus que 54 au plein. Il fallait déposer rapidement notre barda pour courir vite à la pêche, avant que la mer nous encercle, si on voulait avoir de quoi manger le soir. Au retour il fallait ramasser tous les bois de flottage, pour faire chauffer la gamelle sur un feu entre deux rochers. Repas 4 étoiles (de mer) : Homard, étrilles, tourteaux, praires, bouquets et poissons faisaient notre ordinaire. Il pouvait y avoir des ratés. Passons sur l'averse qui mouille les allumettes, le papier et le bois mal abrités, le pain mangé par les rats ou les mouettes, les duvets trempés…

Un jour, par exemple, nous sommes repartis trop tard à la pêche, la mer commençait à remonter. Rien à manger ! Nous avons dû courser des petits goélands au nid et les faire cuire à la broche. Nous avons ajouté cet exploit à notre CV, sans trop de fierté. Ce n'était pas si mauvais que cela ; ils n'avaient pas encore eu le temps d'aller se nourrir dans les décharges. Il n'y en a d'ailleurs plus dans la grande île. Même les rats qui se nourrissent exclusivement des produits de la mer, comme nous, sont appétissants, ou presque.

Les rats étaient notre arme de dissuasion massive. Quand à terre, quelqu'un que l'on ne sentait pas, voulait se joindre à nous, il nous suffisait d'invoquer ces sales bestioles qui nous mangeaient nos provisions et pouvaient gambader la nuit sur nos duvets, pour éliminer les trop bavards (que l'on craignait dans ce calme) et les chochottes. Cela a été le test initiatique incontournable pour toutes nos nanas. Ces îles étaient idylliques au demeurant, elles avaient tout de Cythère. Elles vous le diront ! Jusque-là, aucune n'avait été digne d'un tel embarquement, avec de pareils sauvages.

On pouvait changer d'île d'une année à l'autre. On ne trimbalait plus les grosses gamelles, on les enterrait sous de grosses pierres, hors de portée des rats, avec la vaisselle et le tire-bouchon, pour les retrouver l'année suivante. On s'embourgeoisait en quelque sorte. Le bain quotidien nous rafraîchissait la couenne. Il n'y avait ni arbre ni ombre. Nous étions hirsutes et la peau tannée. Le retour au pavillon normand avait tout du retour à la caverne des hommes de Cro-Magnon. La réinsertion pouvait nous demander quelques jours, mais le travail y veillait.

Les amis archi, pour se rattraper nous avaient, tout de même, confié quelques beaux chantiers dans les quartiers cossus des hauts de Rouen où l'on pouvait exercer enfin nos talents de paysagiste en matière de pavage notamment. À l'époque la ville dépavait les rues pour les goudronner (ils repavent les allées piétonnières aujourd'hui avec des pavés venant de chine). Il suffisait d'être en cheville avec un transporteur pour en recevoir un 15 tonnes plein. Ça faisait très mal au dos, mais c'était bon pour le sommeil. Pour ne pas faire la route tous les jours il nous arrivait de squatter la mansarde d'un ami en centre-ville, cela faisait diversion et le soir on pouvait s'enfiler un gros couscous dans un petit resto pour nous retaper.

L'air de la mer venait vite à me manquer à cause de mon enfance à Riva. J'allais proposer à **D** de passer un week-end ensemble sous la tente du côté de Julouville. On a planté la guitoune en fin d'après-midi dans un champ au milieu des ajoncs dans l'arrière-pays. C'était notre première nuit ensemble sous les duvets. Je l'ai vite oubliée. Notre sortie a été sympa et j'ai mesuré le chemin qu'il nous restait à parcourir pour former un couple. Elle n'a pas été trop déçue puisqu'elle est revenue passer d'autres week-ends au pavillon. Je la sentais curieusement fébrile comme venant là pour évacuer son stress d'une semaine de travail à Paris. Elle semblait s'apaiser dans mes bras, ce qui me rassurait. Je ne lui avais jamais caché que j'avais connu d'autres femmes avant elle. Un soir, un des tout premiers soirs dans le lit sans doute pour la rassurer et lui témoigner tout l'intérêt que je lui portais, je lui avais avoué que toutes ces aventures avaient été sans conséquence puisque jusqu'à présent je n'avais encore aimé qu'une femme : ma mère. Je ne suis pas sûr que cet aveu l'ait mise en confiance, autant que je le souhaitais. Il s'agissait de lui faire comprendre que la place était à prendre en somme. Erreur ! À partir de ce jour, elle s'est méfiée de ma mère, qu'elle n'avait pas encore rencontrée, comme d'une rivale.

Elle avait un regard intéressé sur la nature et mon métier. Elle posait toujours des questions. Très vite armée de livres, elle allait se mettre au potager. Pour elle tout passait par des livres, puis de la tête aux mains. Son enthousiasme nous exaltait, ses maladresses nous faisaient sourire. À peine arrivée, elle avait les mains dans la terre, ce que nous ne faisions jamais, car il y avait des outils pour cela. Elle n'était pas la pure intello qu'on aurait pu redouter, même si c'était ce qui m'avait attiré en elle, outre ses muscles du dos.

Mon métier de jardinier me faisait côtoyer journellement des abrutis. À l'école quand on ne savait pas quoi faire d'un cancre, on l'orientait vers les travaux de la terre. Ma conversation au quotidien était limitée aux banalités. Or, dans la pure lignée de ma mère, les banalités et les lieux communs m'exaspèrent au plus haut point. Comme elle, je me sentais traqué par l'abêtissement et, pour ne pas y sombrer, il me fallait de temps en temps me mettre en quête d'intelligence et d'esprit. Comme d'autres font de la culture physique pour entretenir leur corps j'avais besoin de culture pour entretenir mon esprit, et **D.** a été un formidable moteur pour moi de ce point de vue, mais son côté très manuel me surprenait autant qu'il me comblait.

À titre d'exemple pour ce qui est du niveau de mes collègues de râteau, on se souvient tous qu'en 1989 la France a fêté en grande pompe le bicentenaire de la Révolution française tant au niveau national que local, le 14 juillet, jour anniversaire de la prise de la Bastille. Cette année-là j'ai dû, suite à des vols répétés, changer la formule du cadenas de la grille de la pépinière, j'ai à cette occasion proposé d'afficher les quatre fiches 1.7.8.9. Tout le personnel m'a demandé de lui inscrire le chiffre sur un bout de papier, car il était trop compliqué à retenir…

D. arrivait le vendredi soir, j'allais la chercher à la gare en 2CV et c'était un souffle de gaieté parisienne, French CanCan en moins, qui envahissait la maison des braves gars de la terre. On en remettait volontiers une couche, ça l'amusait ; d'autant qu'on ne se privait pas de se moquer de cette éternelle étudiante de Nième cycle. Elle les collectionnait : Anglais, linguistique, cinéma, chinois... Elle avait toujours quelque chose à nous apprendre et nous lui racontions nos aventures de la semaine : météo, soucis de plantation, démêlés avec les clients, pannes...

Sur ce dernier point, désespérément nul, je me lamentais à tue-tête « Je n'aime pas la mécanique ; mais elle me le rend bien, la salope ! » J'aurais économisé beaucoup d'argent et gagné beaucoup de temps en passant un CAP de mécanique, mais c'était trop me demander. Heureusement Gordon y pourvoyait.

En quarante ans, le métier de jardinier a changé, il est tout mécanique aujourd'hui. Le silence des jardins d'hier est meublé de pétarades d'engins nauséabonds. Je me souviens avec nostalgie des belles journées d'automne à ramasser dans le calme les feuilles mortes sur les pelouses. On avait les sens en éveil et l'esprit libre. Un moment de détente entre nous, qui est aujourd'hui remplacé par le vacarme épouvantable des souffle-feuilles et autres aspirateurs. Je n'avais pas choisi ce métier pour entendre cela. Je redoutais le départ de Gordon vers sa ferme familiale d'origine, car il s'y connaissait en mécanique ; je me demande même s'il n'aimait pas ça, le chanceux.

Gordon a bien fini par retourner dans son Pays de Caux natal reprendre l'exploitation de ses parents et je me suis débrouillé seul. Dès que j'ai pu, j'ai embauché un mécanicien à plein temps.

Je déménageai alors pour le village voisin où j'ai pu acheter une vieille masure qui n'était intéressante que par le prix. **D** et moi avons pu l'emménager aussi tôt dans un confort des plus rustiques. Poêle à fioul puant et w.c. sous l'escalier du séjour, qui nous permettait de poursuive la conversation tout en... **D** était en bricolage d'une efficacité redoutable, après lecture bien sûr. Le week-end, elle abandonnait ses traités de linguistique pour les revues de bricolage. Nous nous complétions à merveille : elle, plutôt travaux délicats et finitions et moi exclusivement gros œuvre. Elle a fait toute l'installation électrique tandis que j'abattais des cloisons et perçais des portes.

D. vivait à Paris dans une chambre de bonne qu'elle avait pu acheter au 6e sans ascenseur d'un immeuble, avenue des Gobelins. Elle travaillait dans sa fac d'origine au labo audiovisuel. Son boulot était pénard et intéressant. Il lui permettait de côtoyer les élites intellectuelles sans prendre trop de responsabilités. Elle savait aussi s'en moquer. Elle était sur place pour poursuivre des recherches. Elle eut même un temps un statut avantageux de chercheur (elle aurait préféré Chercheuse) et je priais alors pour que jamais elle ne trouve.

Elle débarquait à la gare le vendredi soir et repartait le lundi matin. Nous passions congés et vacances ensemble. Avec enthousiasme habituel, elle avait entrepris le potager où je ne faisais que les travaux lourds, tandis qu'elle plantait ses petites graines bio ? Là aussi elle m'en apprit plus qu'à l'école sur des pratiques plus respectueuses des sols. La permaculture n'avait pas encore été inventée, mais nous la pratiquions déjà.

Quelques week-ends où elle disposait de moins de temps, elle venait avec une vieille 4 L sans me prévenir m'encourager depuis la touche à mes matchs de rugby du dimanche. J'étais touché par tant d'égards. Je pensais qu'une femme vienne se geler sur un stade un dimanche après-midi pour encourager son mec était l'apanage des vieux couples. Quand je lui avais fait la remarque, elle m'avait simplement répondu que c'était normal et qu'elle aimait voir jouer son mec.

Aux premières vacances d'été, elle fut reçue mention Très Bien au test initiatique de Chausey. Nous avions même amélioré le séjour avec l'achat d'un petit catamaran gonflable à voile que l'on transportait dans la 2CV capote débâchée. Il nous permettait à marée haute de taquiner (et seulement taquiner) le bar à la traîne et de nous déplacer avec le campement d'île en île. Ces manœuvres, à la voile uniquement, étaient très périlleuses au regard des légendaires courants de la baie du Mont Saint-Michel. L'embarcation elle-même n'était pas très sûre faite de boudin de caoutchouc poreux et de contreplaqué le tout maintenu avec des tendeurs. Même pas peur !

Le séjour avait été un succès. Je lui faisais l'amour – je n'aime pas du tout l'expression et pourtant cela lui convenait – sur les algues, entre les rochers, et une fois, comme dans les films de Vadim (ma culture cinéma progressait) au clair de lune sur le sable, à marée basse à la levée des lignes de fond. Elle avait tout de même eu peur que quelqu'un nous voie ; alors qu'il ne pouvait y avoir personne à des km à la ronde. De retour à la maison, on était décidé à acheter un bateau plus sûr, voire plus confortable. Ce sera le second d'une longue série.

Nous allions régulièrement au salon nautique pour rêver un peu, et étions abonnés à toutes les revues spécialisées Catamaran. On a trouvé exactement ce dont on rêvait. Il était neuf moins 30 % ! Une petite cabine sur chaque coque, rouge, 7,50 m grand-voile lattée, transportable, plié. On est allé le chercher en Gironde avec le camion et notre première nuit à bord fut sur un parking d'autoroute. Cette nana est vraiment à toute épreuve !

Les conditions de navigation étaient sportives et le confort très spartiate. Si rudimentaire qu'un jour une amie qu'on avait emmenée en croisière nous avait offert un second seau, prétextant qu'il n'était pas convenable de faire la vaisselle et ses besoins dans le même seau. Pas à toute épreuve, celle-là !

On a fait régulièrement du cabotage sur les côtes et les îles de la Manche. On a même croisé en mer Tabarly et Antoine qui ont considéré notre bâtiment naval avec beaucoup d'intérêt. Après quoi Tabarly, un habitué de Chausey, s'est mis au multicoque comme nous. Copieur ! Quand quelque temps après, **D.** s'est trouvée enceinte, il nous fallait ou changer de genre de vacances ou changer de bateau. On rentrait des Anglo Normandes, via le raz Blanchard quand dans l'avant-port de Cherbourg on a rencontré un jeune couple lui aussi à bord d'un cata proche du nôtre, home made. **D.** était alors à un mois du terme. Après quelques calvas partagés sur leur esquif, nous tombions d'accord pour construire ensemble un nouveau bateau mieux adapté à la navigation en famille avec de jeunes enfants.

La période qui suivit fut assurément la plus active de toute ma vie ; avec le recul je me demande même comment j'ai fait, pour faire tout cela. Mes rêves de berger étaient bien loin. *LE FAIRE FAIT L'ÊTRE* était devenu ma devise et elle le restera.

À peine installé (c'est beaucoup dire) dans notre masure j'ai été élu adjoint au maire de la commune, ce qui n'est pas sans me rappeler quelqu'un.

Tout en retapant notre domicile, nous avons entrepris comme prévu avec nos nouveaux copropriétaires la construction d'un bateau au fond du jardin.

Une occasion unique nous a permis d'acquérir un vieux chalet à la montagne, où tout était à faire pour l'habiter. Ce que nous avons aussitôt entrepris, comme d'autres l'avaient fait avant moi en Auvergne.

En qualité de chef (petit chef) d'entreprise, il m'a fallu pour ne pas être absorbé par plus gros que moi, selon une loi toute naturelle, passer au braquet supérieur, agrandir mon entreprise toujours poussée par les autres et travailler le dimanche à cette époque.

Enfin et c'est le plus important, j'allais être Papa, un mot que je n'avais encore jamais prononcé.

D. était heureusement à mes côtés pour réaliser tout cela. Elle s'était toutefois désolidarisée de mon rôle d'élu, jugeant en bonne gauchiste qu'une compromission au système était bien suffisante dans notre couple. Elle ne se mêlait pas non plus de mes affaires, elle avait elle-même, toujours beaucoup de projets en cours.

La naissance de notre fils, Sylvain Stock, n'allait en rien contrarier tous ces projets. Il était né un dimanche et « il sera heureux toute sa vie » comme disait notre voisin Nénest. Moi, qui me méfie des croyances comme d'un fléau, j'étais prêt à croire Nénest. Le dimanche ; je ne travaillais pas, comme la plupart des papas. J'étais donc disponible, près de ma femme, et prêt à accueillir l'enfant en toute quiétude, à comparer avec celui qui en plein milieu de semaine dépose, entre deux quarts, sa femme à la maternité et retourne au boulot tandis qu'elle se met aussi à un autre travail. Il faisait beau en cet après-midi de septembre, tout bronzé dans ma blouse rose bonbon je lui tenais la main, masque à oxygène de l'autre et quand le bébé est arrivé, je lui ai donné son premier bain avant de le déposer sur le ventre de sa mère. C'est en effet un bon début dans la vie.

Ces gestes ont scellé définitivement, entre mon fils et moi, une complicité tendre pour la vie. Quarante ans après, nos longues accolades doivent toujours beaucoup à ce câlin originel gravé dans nos inconscients. Pour mon père et moi, je ne sais pas, mais j'ai souvent le sentiment d'être venu au monde un dimanche, moi aussi…

Par la suite, je n'ai jamais sacrifié le temps passé avec lui au profit d'une autre activité et notamment le travail. C'est la raison pour laquelle je ne me suis jamais enrichi. Combien de fois ai-je entendu un père dire « je n'ai pas vu grandir mes enfants » ? Je n'imagine pas aveu plus honteux. Quand Sylvain est né, sa mère n'a pas quitté son poste à la fac et sa chambre d'étudiante à Paris, elle était absente toute la semaine et nous rejoignait le week-end qu'elle rallongeait souvent d'une journée ; elle était alors très disponible à son tour et passait toutes les vacances scolaires à ses côtés. La situation a été satisfaisante jusqu'à ce qu'il quitte la maison pour aller faire des études.

Au lendemain, dès lundi en somme, j'étais un autre homme, puisque désormais chef de famille. Je n'étais plus le fils de ma mère, mais le père de mon fils. Et un jour il m'appellerait Papa. Je suis tout de même passé annoncer la nouvelle à ma mère. Elle était seulement contente que je sois content. Elle ne se réjouissait jamais d'une naissance ; au point de se demander si elle n'avait pas vécu l'éducation de ses enfants comme une pénitence, un sacerdoce. De surcroît elle n'aimait pas **D.** et c'était réciproque. Elles n'étaient pas du genre à faire des concessions, même pour me faire plaisir. C'était un drame pour moi. Chacune devait voir dans l'autre une rivale. C'était gênant pour moi d'être aimé à ce point, et que cela pose problème. Bien sûr dans leurs affrontements, je prenais ostensiblement parti pour **D.** de sorte qu'elles admettent clairement mon choix : mon avenir était avec

D. et non avec ma mère. La naissance de notre enfant levait tout doute, s'il devait en subsister.

Ces deux femmes étaient d'une égale intelligence de sorte qu'aucune n'avait bail sur l'autre. Leurs rapports se sont seulement améliorés quand ma mère a faibli avec l'âge et de sa part ce n'était pas par résignation, mais par reconnaissance enfin. Elles ont même réussi à échanger des lectures et Madeleine écoutait avec intérêt les analyses de **D.** Seul l'intellect pouvait vraiment les réunir, elles étaient deux femmes si différentes. L'une toute de féminité, coquette et volontiers dans la séduction et le charme : l'autre née femme sans vouloir le devenir (pour paraphraser Simone de Beauvoir). Elle fuyait le regard des hommes et dissimulait dans la rue par exemple tous les attraits de la femme avec des cheveux courts, casquette, pantalon. À notre rencontre, je l'avais gentiment suppliée de laisser pousser ses cheveux, elle avait obtempéré. J'avoue, sans trop de conviction, attribuer au port des cheveux longs, une part essentielle de la sensualité féminine. Mes amies aux cheveux courts étaient indignées. Je n'aime pas les cheveux courts chez les hommes, non plus, quant aux crânes rasés…

De retour de la maternité, j'ai terminé en urgence la salle de bain, et la chambre du petit n'était pas tout à fait terminée quand ils sont rentrés. En accord avec **D.**, en parents indignes, nous avons installé le couffin dans les w.c. Nous avions été tellement traumatisés, quelques jours auparavant, quand des amis après dîner avaient été obligés de faire trois fois le tour du pâté de maisons en voiture pour endormir leur bébé parce qu'il dormait exclusivement dans la chambre de ses parents – un chantage d'alevin auquel nous n'étions pas prêts à nous soumettre.

Je m'y suis cependant soumis peu après, quand en pleine nuit, il réclamait sa tétée. J'allais le chercher dans son lit pour le poser entre nous deux sur le sein de sa mère à peine éveillée. Il se mettait à téter délicieusement jusqu'à ce que l'un et l'autre s'endorment à nouveau. Il m'est arrivé de l'envier en secret ; elle avait de si jolis seins.

Notre chalet de Savoie a été une belle expérience. **D** avait hérité de ses grands-parents de quoi acheter ce petit lopin de terre et cette bâtisse de pauvre jadis couverte de chaume et aujourd'hui de tôles. C'est la pente prononcée de la toiture qui fournit cet indice. Elle ne saurait retenir des lauses. Son charme et son caractère modeste nous ont finalement séduits, car nous ne voulions pas d'un ancrage en montagne pour pouvoir changer de station de ski à volonté d'année en année. Située sur les hauteurs d'Albertville (J.O. de 92), elle était, tout compte fait, très centrale.

En un été nous avons réussi à la rendre habitable avec l'aide d'une foule d'amis de passage : une pièce à vivre avec eau et poêle et dortoir dans la grange, chiottes sèches sur la terrasse face à la montagne au-dessus de la souille à cochons. On pouvait vivre sur cette grande terrasse entièrement couverte, quel que soit le temps.

Notre bambin allait chausser les skis dès l'âge de trois ans, comme ce fut mon cas. Il s'y rendait avec sa mère trois fois par an. J'étais plus limité à cause de mon travail, mais rester seul enfin en Normandie ne m'ennuyait pas. Chacun trouvait son compte. À chaque séjour là-bas, nous améliorions le confort. Une source qui coulait sous la maison en avait fait une maison hantée pour les habitants du hameau. Nous autres, les étrangers, étions au-dessus de ces croyances. Pour rassurer tout le monde, mais surtout pour réaliser un rêve j'avais capté la source en amont et construit une fontaine avec un petit pissou que l'on pouvait entendre couler toute l'année, juste sous nos fenêtres. Le bac rempli d'eau servait à laver fruit et légumes et à se rafraîchir en été. Nous n'avons jamais osé la boire jusqu'au jour où des amis qui avaient séjourné en été nous avaient fait des compliments sur la qualité de l'eau de la fontaine. Et ils n'étaient pas morts.

J'avais un plaisir particulier à me rendre dans ce hameau où j'avais été vite accepté par les fermiers parce que je connaissais bien les travaux de la terre. Ils vivaient en quasi-autarcie, rien que de bons produits maison : lait, fromages, charcuterie et viande, légumes et fruits, cidre et gniôle ; et pas question de chipoter quand ils nous invitaient à manger.

En me penchant ainsi sur ce passé, je me demande si ce petit coin de paradis ne serait pas pour moi le Château sur Cher pour l'oncle Paul ; Un coup de frein et de rusticité dans une vie où d'autres nous poussent dans le dos en permanence et nous éloignent de l'essentiel, ce trait d'union rassurant entre le passé (la vie simple de ses paysans) et un futur que l'on imprime, comme on peut par nos réalisations pérennes (pavages et fontaine ici ; plantations d'une forêt là-bas, un livre qu'on écrit), pour insérer une trace dans le temps et dans l'espace. Toutes ces approches témoignent de notre attachement viscéral à la nature mère. Mes parents Stock avaient aussi été tentés par un retour à la nature avec leur ferme d'Auvergne, où je suis né. Moi j'ai choisi jardinier par défaut, j'aurais aimé être fermier. Impossible, il faut naître fermier dans une famille de fermiers pour avoir une chance de le devenir, tant le capital à investir est considérable. Je n'ai pas eu cette chance, mais j'en ai eu tellement d'autres. Ce monde, qui s'évertue à bousculer nos rêves, nous offre cependant quelques échappatoires, il faut savoir les saisir à temps…

Parmi ceux-là, la voile a été mon échappatoire favorite.

La Mer est le lieu commun à tous les voileux en ciré jaune qui parlent fort et plombent les conversations du Café de La Marine avec leurs banalités. Proclamer que quitter la terre pour prendre la mer est un moyen d'évasion est une lapalissade des plus répandues. Non, il y a du taiseux dans le voileux (Moitessier, Tabarly, Kersauzon). Mais comment transmettre cette véritable jouissance, sans sombrer (ça démarre mal) dans les clichés de comptoirs ?

Sentir, voilà le maître mot. Est-ce inné, ou peut-on apprendre à sentir ? Oui, poussé par l'envie et le désir, on doit pouvoir acquérir de la sensibilité, puis l'exacerber par l'expérience. Mes premiers souvenirs de voile remontent à ma plus tendre enfance, Riva Bella, bien avant l'achat de mon petit voilier sur l'Eure. Sur la Plage, tandis que les autres jouaient au ballon autour de mon frère, je m'isolais derrière la tente des mères occupées au tricot. Ces tentes de plage avaient de longs pans de toile que le vent gonflait. Il fallait se mettre du bon côté. Je m'y installais, et prenant pour barre le manche de ma pelle piquée dans le sable, je partais en navigation. Je pouvais y rester des heures. Il n'était pas rare que les mères me cherchent sur la plage alors que j'étais dans leur dos, comme en mer, complètement sourd à leurs appels.

Aujourd'hui adulte, je suis encore comme cet enfant. Je peux rester de nombreuses heures à la barre. Partager mon regard entre l'horizon devant et la girouette là-haut. Capter le moindre fléchissement de celle-ci dans une risée adonnante pour gratter quelques degrés en cap d'un geste du petit doigt sur la barre. Sentir le moindre souffle d'air sur la peau tandis qu'un penon faseye. Donner quelques centimètres de mou à une écoute trop bordée par ce petit temps. Surveiller au loin ce nuage noir qui pourrait nous obliger à prendre un ris. Anticiper, toujours anticiper avant qu'il ne soit trop tard. C'est ainsi qu'en voilier on est simplement obligé d'oublier « les ennuis et les vastes chagrins qui chargent de leur poids l'existence brumeuse » (Baudelaire, les Fleurs du mal). Ne pas manquer non plus de suivre la silhouette sombre d'un pétrel qui plane si merveilleusement sur les vagues.

D. et moi nous complétions à merveille en bateau. Elle, à la table à cartes et au bricolage soigneux dans le carré où elle pouvait rester des heures sans être malade. Moi, sur le pont, aux manœuvres, à la barre, aux nuages et aux oiseaux.

La construction de notre nouveau bateau allait être une expérience fabuleuse. Avec nos associés nous avons commencé par définir un programme, dessiné un avant-projet puis consulté un architecte naval pour les plans d'exécution. Celui que nous avions retenu venait de terminer la goélette de Renaud. « Ce n'est pas l'homme qui prend la mer ; c'est la mer qui prend l'homme ». Construites en aluminium ; les coques furent réalisées dans un chantier puis acheminées brutes au fond du jardin où nous avons passé près de deux ans à le terminer : aménagements intérieurs en bois, peintures et équipements de pont, accastillage et gréement. Le modèle était unique et très original : un catamaran de croisière pouvant accueillir à son bord 4 adultes et

3 enfants avec un mât sur chaque coque et 2 grand-voiles lattées munies de wishbones.

Nous l'avons construit, puis navigué ensemble pendant une dizaine d'années sans jamais se fâcher. Sachez que cela relève de l'exploit. On a coutume de dire que si tu veux te brouiller avec un bon ami, fait de la voile avec lui. En effet, faire face au danger des éléments, prisonniers dans un espace réduit à quelques mètres carrés où les décisions et les manœuvres doivent être rapides, entraîne des frictions inévitables. Dans les moments difficiles, la navigation ne peut, hélas, accorder le moindre temps à l'hésitation. Le chef de bord doit par son autorité ordonner la bonne manœuvre et par là même mettre son équipage en confiance. Je précise que je n'ai pas du tout le culte du chef ; je me contente seulement d'assumer mes choix et mes actes. Nous avions eu dans nos proches l'exemple d'amis inséparables qui s'étaient brouillés à mort, jusque devant les tribunaux à cause de navigations et de copropriété. J'ai toujours dans ma vie de navigateur veillé à ce risque, en ménageant au mieux les susceptibilités quand j'étais chef de bord et en partageant systématiquement les décisions non urgentes liées aux plaisirs de la croisière. Il m'est arrivé quelques fois d'être membre d'équipage et je n'aurais jamais contesté sous quelque forme que ce soit un ordre ou un choix du capitaine.

Parfaitement conscients de cet écueil avec nos amis, nous nommions un chef de bord avant de larguer les amarres. Nous avons ainsi sillonné les mers proches en famille, du Danemark à la Bretagne sud en passant par la Grande-Bretagne et ses îles, avec une mention particulière pour les Sorlingues, nom français totalement méconnu (et tant mieux) des Scilly Islands, un archipel au large de la Cornouaille anglaise. Un Chausey puissance dix ou l'on peut entre autres parterres de cactées découvrir un bois de fougères arborescentes. Pêches à pied d'autant plus exceptionnelles que les Anglais ne la pratiquent pas. Ils se contentent de regarder danser les étrilles (mets de choix pour qui sait les manger) qu'ils appellent « acteurs ». Les Français de passage ne se contentent pas seulement d'assister au spectacle.

Au bout d'une dizaine d'années, nous nous sommes séparés d'Agora. Nous l'avions baptisé ainsi en raison de son cockpit ouvert et accueillant. Nos amis enseignants avaient enfin obtenu un poste dans le sud (quelle idée). Nous avions fait le tour de la question, **D.** et moi étions heureux de pouvoir offrir à Sylvain notre fils de nouvelles formes de vacances autres que la voile. Nous-mêmes allions nous lancer dans de nouvelles aventures.

Pendant cette même période, j'avais été élu municipal. Une expérience que je ne regrette pas non plus (regrets, connais pas). À peine installé au village, je m'étais investi dans une association de défense de l'environnement pour lutter contre les appétits débordants des carrières sur le territoire communal. En véritable activiste radical (il faut ça pour s'attaquer à de telles puissances), j'avais monté des barrages aux camions dans les rues du village et organisé des manifs avec l'association. La population reconnaissante nous avait élus le moment venu pour virer les béni-oui-oui en place depuis des décennies devenus notables.

Le maire, qui m'avait fait l'honneur de me choisir, était mon ancien prof. de sciences nat. au lycée. Il faut croire que je ne lui avais pas laissé un trop mauvais souvenir à moins qu'il n'accordât plus de prix à mes engagements récents qu'à mon passé de mauvais élève. Dès lors, nous sommes restés d'inséparables amis et ses compétences des milieux naturels l'avaient exonéré de tous tests initiatiques pour nos nombreux séjours à Chausey. J'ai été à ses côtés dans les terribles épreuves que la vie allait si injustement lui réserver (la mort de 3 de ses 4 enfants), je le pleure toujours aujourd'hui.

Notre équipe municipale était réussie. Elle réunissait toutes les gauches et tous les milieux sociaux pour beaucoup liés au fleuve (mariniers, capitaines, mousses ou pilotes, éclusiers, barragistes…). En tant que nouvel habitant, j'avais eu droit pendant la campagne au qualificatif normand d'Horsin (hors venu, ailleurs). J'avais reçu quelques lettres anonymes. « Les imbéciles heureux qui sont nés quelque part » (Brassens) n'accordent de légitimité qu'à ceux qui sont nés au village. C'est oublier que ce sont les nouveaux arrivants qui sont les plus dynamiques et apportent dans leurs bagages des idées neuves.

Fort de cet élan populaire et de l'impulsion de l'élection Mitterrand nous avons en deux mandats réalisé notre programme : – construction d'une centrale hydroélectrique sur le barrage-parution d'un bulletin municipal trimestriel, L'Écho des Ruelles, fait main dans le grenier de l'école (sans papier glacé ni photos couleur) – contournement routier du village pour camions et voiture en transit – éloignement des limites de dragage des carriers et redevance communale à la tonne extraite – voix délibératives aux instances intercommunales et de la base de loisirs – dynamisation des associations et création de fêtes sur l'eau désormais réputées.

J'avais par principe limité mon engagement à deux mandats pour ne pas finir en notable. Cela devrait être une loi. Ceux de mes colistiers qui ont voulu persévérer l'ont payé cher.

Je n'ai dans mes fonctions d'agent d'état civil (adjoint au maire) qu'un seul regret. J'avais lors d'une permanence accueilli un couple nouvellement arrivé venu faire les démarches administratives pour se marier. Ils m'ont tout de suite paru sympathiques. Lui, dix ans plus âgé que moi, d'allure très sportive, me rappelait mon cousin qui m'avait initié à la voile. Elle, dix ans de moins que moi, soit 20 ans entre eux deux, manifestait un tel désir, qu'elle ne voulait pas perdre trop de temps à des démarches administratives, pour réaliser au plus vite son rêve d'union avec ce bel homme. La date de la cérémonie était prévue dans un mois et en l'absence de monsieur le Maire c'était sans doute moi qui officierais. Pendant ce mois d'attente, j'ai appris tout à fait par hasard que cet homme était prêtre et qu'il venait de quitter son sacerdoce pour se marier. Hélas le maire a été présent le jour de la cérémonie, c'est donc lui qui a célébré leur union, me privant ainsi, moi l'anticlérical, du plaisir de marier un curé défroqué. J'aurais tant aimé ajouter cette référence de choix à mon CV de mécréant.

J'ai, avec le mariage, un curieux rapport. J'ai été appelé de très nombreuses fois à jouer le rôle de témoin du marié dans bon nombre de cérémonies, moi qui n'ai jamais franchi le pas. Je ne me suis en effet jamais marié de ma vie. Je n'en tire aucune gloriole. « Le mariage pour tous » me fait sourire. Ses partisans comme ses détracteurs se battent pour une cause perdue puisqu'aujourd'hui un couple sur deux divorce. Il n'y a plus que les curés et les homosexuels et quelques cathos BCBG qui le revendiquent, les uns par besoin de reconnaissance, les autres par croyance au sacrement et respect du dogme (ceux-là peut-être, se séparent moins, à voir !).

J'ai une explication imparable. Non, ce n'est pas par lâcheté à refuser un engagement ni par manque de confiance en moi, encore moins par dégoût du cérémonial et de la fête. Ce n'est pas non plus faute d'avoir trouvé l'âme sœur ou la crainte de contrarier ma mère. Non c'est la faute ou grâce à tonton Georges. J'ai dès la plus tendre enfance été bercé au son des chansons de Brassens. « La non-demande en mariage » a résonné en moi comme une évidence toute naturelle. À quoi bon emprisonner l'Amour, laissons libres nos corps et nos cœurs. Pourquoi s'asservir mutuellement ? Si je devais me marier vers les quatre-vingts ans, ce serait seulement par provocation et par goût de la fête, du genre bouquet final. Je verrais bien ça en 2CV. Le problème est que je ne sais toujours pas avec qui. Elle est prévenue !

J'étais toujours entrepreneur de jardins quand la ville nouvelle voisine m'incita à ouvrir sur leur site, une surface commerciale de vente de produits de jardinage dite Jardinerie, anciennement Garden Center dont j'aimais bien le côté british à moustaches. J'ai obtempéré sans la moindre ambition ; et il en faut dans le commerce. Ce choix m'a gâché dix ans de ma carrière et un peu de mon couple sans me rapporter davantage si ce n'est des soucis.

D. et moi avions décidé après l'abandon de la voile de nous mettre au triathlon avant d'être trop vieux. C'était pour moi le cap de la quarantaine et je le négociais mal – vent et courant contraires –. Ce sport allait nous donner un nouveau tonus. Nous pratiquions déjà ensemble le tennis. Elle et moi étions classés et nous formions en double mixte une équipe redoutée en tournois. **D.** avait fait, à travers les livres bien sûr, une formation de monitrice qu'elle exerçait dans le club voisin.

La pratique du triathlon exige un minimum d'entraînement pour qui ne veut pas finir à la ramasse chaque épreuve. Nous étions de ceux-là ; arriver en bon état quel que soit le classement. Il nous fallait pratiquer chaque discipline (natation, vélo, course à pied) au moins une fois par semaine ; nous nous entraînions séparément : moi ici le soir après le travail et les réunions municipales, et elle à Paris. Elle avait toujours quelques anecdotes savoureuses à raconter de ses footings au bois de Boulogne parmi les travelos brésiliens. Elle nageait avec des amis dans une piscine de quartier le soir entre deux cinoches. Pendant les vacances nous pouvions nous entraîner ensemble. Dans un véritable partage, on a gravi côte à côte les pires cols des Alpes et nagé en mer comme des marsouins dans nos combinaisons noires.

On a commencé par de petites distances, puis augmenté progressivement les longueurs et la fréquence des épreuves. Pour notre plus grand plaisir, nous pouvions arriver ensemble main dans la main. L'épreuve la plus courante, dite olympique (A) – 1,5 km de natation, 40 km de vélo et 10 de course à pied nous prenaient plus de 2 heures. La victoire sur soi, car il n'y a pas vraiment d'adversaire, fournit une satisfaction gratifiante et la récompense des efforts de semaines d'entraînements. Le sommet de ma carrière a été atteint quand j'ai couru un C soit 4 km de crawl, 120 km de vélo et 30 km de course à pied. J'étais arrivé frais comme un gardon en 8 h 45 d'épreuve. Mon fils Sylvain âgé alors d'une dizaine d'années avait couru au-devant de moi à l'arrivée et m'avait accompagné jusque sur la ligne – un souvenir ineffaçable. Cette année-là j'avais couru : 6 A, 2 B, 1 C et un marathon. J'avais été élu meilleur vétéran du club, coupe à la clé.

D. fut une année Championne de France longue distance (C) en vétéran. Elles n'étaient certes pas très nombreuses à plus de 40 ans à aimer se faire mal à ce point, mais elle l'avait assuré avec aisance. Avec le maillot tricolore de l'équipe de France, elle s'était rendue au Portugal et au Canada pour courir des épreuves. Personne bien sûr n'éprouve de plaisir à se faire du mal. Il s'agit seulement de solliciter la machine afin qu'elle ait un meilleur rendement. On avait tous les deux une sacrée forme physique, affûtés comme des lévriers. Nous étions encore beaux.

Quand la forme a commencé à baisser, j'ai relevé le plus beau des challenges et réalisé ce rêve délicieux qui embellissait mes nuits depuis mon enfance : je vais voler pour de bon !

À quelques encablures (attention danger) de notre chalet au pays du Beaufort j'ai enchaîné stages d'initiation et perfectionnement de parapente pour accéder au Vol Libre. C'est sa véritable dénomination (FFVL). Bien trouvé ! J'ai frisé l'addiction à une telle jouissance, à ce qu'il faut bien admettre un privilège. J'ai déjà décrit tout cela dans mon recueil de nouvelles « Vivement aujourd'hui ». J'ai sur mon carnet de vol 150 vols à mon actif dans les plus beaux sites qui soient.

Un de mes plus beaux souvenirs gravés ad vitam æternam : On avait fait une belle journée de ski, tous les trois ensemble, notre fils avait très vite rattrapé notre niveau. À la fermeture de la station, mon fils et sa mère ont fait avec les pisteurs la fermeture des pistes. J'avais réussi à me faire oublier au sommet de la plus haute remontée mécanique. La neige autour de moi était teintée en orangé par un dernier rayon du soleil passant entre deux sommets. J'étais seul sur mon sommet à près de 3000 m. Mon cœur battait fort et pas seulement en raison de l'altitude. Si je rate mon décollage, je suis mort. Si je le réussis, c'est l'extase à condition que mes poumons et mon cœur n'éclatent pas. 30 m tout droit dans le pentu (comme disent les Savoyards) pour gonfler la voile sans possibilité de s'arrêter avant le précipice. Sylvain et sa mère m'attendent en bas dans la vallée en scrutant le ciel, j'espère les retrouver pour toujours. J'y vais : un décollage modèle ! Ils doivent me voir enfin d'en bas, tandis que je côtoie les anges. Je ne vole pas (faute d'ascendant à cette heure), je glisse dans l'air avec mes skis. Je me pose dans une prairie à côté de la voiture, sous la ligne à haute tension de la centrale que j'avais repérée au départ. Quelles embrassades ! On mesurait mon exploit, car je n'étais pas alors un pratiquant chevronné.

De retour en Normandie j'explorerais goulûment tous les sites possibles. J'ai fait ouvrir celui de la colline des 2 Amants juste en face de chez moi. C'était inespéré. Je pouvais y aller à vélo avec ma voile sur le dos en traversant la Seine sur le barrage. Je vais évoquer sans bravoure ni vantardise ce terrible accident plutôt honteux qui m'a immobilisé près de trois mois dans un lit. J'ai à cette occasion connu une sensation voluptueuse de la mort : suite à un choc, j'ai volé sans connaissance. Je me suis évanoui dans les airs comme certains montent au ciel après la mort. Je souhaite seulement que la vraie mort soit aussi délicieuse. Pardon à Gégé mon compagnon d'infortune qui a eu encore plus peur que moi. Merci à tous ceux qui m'ont soutenu pendant ma convalescence.

La forme morale va de pair avec la forme physique en général. J'avoue qu'à ce moment-là, je compensais plutôt mes déboires et mes soucis dans mon travail par des satisfactions physiques. Celles-ci agissaient comme des contrepoids dans la balance de ma vie. Cette notion d'équilibre a été un phare dans ma vie. Mon refus des passions en est un exemple et je compensais ce que certains pouvaient qualifier d'hyperactivité par une capacité particulière aux rêves et plus particulièrement les rêves d'avenir : ça ne va pas très bien tout de suite, mais ça ira mieux demain, si je fais…

Les projets permanents sont de bons moteurs, à la condition élémentaire de savoir se satisfaire de ce que l'on a déjà, de n'être pas en quête permanente d'un ailleurs. Un philosophe dont je n'ai pas retenu le nom est allé jusqu'à promettre « le bonheur à celui qui désire ce qu'il a déjà ». Infaillible ! Il s'agit bien de Désirer et non de se Contenter de. C'est très épicurien, la sentence est peut-être de ce dernier. Je sais en effet me contenter de peu, et prône la sobriété en matière de consommation. Par contre en matière de bonheur je n'admets pas les frustrations et cherche le remède à toutes les insatisfactions. Le bonheur est plénitude et tout accroc qui l'altère et l'ampute, ce n'est plus le bonheur. Tant que l'accroc n'est pas raccommodé, je ne vois que lui et je l'agrandis avec mon tourment, comme le doigt gratte la plaie et la rend plus douloureuse encore.

Notre couple, à travers ses multiples projets, avait franchi la quarantaine avec une foulée de triathlète. À l'approche de la cinquantaine, il montrait des signes d'essoufflement. Notre fils, lui, connaissait un second souffle. À son entrée en sixième, il nous avait demandé de se faire opérer de son strabisme natal ; les forceps avaient fait quelques dégâts, même le dimanche. Sa mère en vain avait tenté les médecines douces à Paris. Il a fini par être opéré avec succès. Si goal il prenait un but, ce n'était plus à cause de ses yeux – les gamins sont durs entre eux –. Il s'est aussitôt senti plus à l'aise. Il est rentré dans une école de comédie musicale qu'il n'allait quitter que vers 18 ans. Cela a été de belles années pour lui comme pour nous. Entre autres activités extrascolaires, inutile de préciser qu'il faisait du sport. Il était athlétique comme ses parents et son grand-père (le champion olympique). Il allait franchir l'adolescence, le pire âge de l'existence, selon moi, sans trop de dégât.

Nous étions donc moins proches : lui avec ses états d'âme d'ado, et moi aux prises avec la cinquantaine. Il était passé de l'école communale au collège et du collège au lycée ; il ne se foulait pas. Un soir par semaine, il dînait et couchait chez sa grand-mère, c'était pour moi l'occasion de sortir enfin. **D.** ne s'en privait pas à Paris, et je commençais à me sentir frustré, et pas seulement de sorties. J'ai fini par avoir une maîtresse.

D. multipliait ses absences. Dans le cadre des travaux dirigés, avec ses élèves ou bien seule, elle réalisait des courts métrages documentaires sur des sujets de société (grève des mineurs et dans la sidérurgie, la paysannerie). Elle se rendait aussi souvent en Roumanie.

La Roumanie avait été, à l'origine, une affaire communale. Un mouvement européen d'entraide avait lancé une sorte de pétition pour empêcher Ceausescu, le libérateur adulé devenu tyran infréquentable, de raser quelques dizaines de villages pour concentrer les populations en ville. Notre conseil municipal avait par principe adhéré au mouvement, il suffisait de jumeler tacitement notre commune avec un petit village roumain dont on ignorait absolument tout, pour tenter de l'épargner. Le jumelage était purement symbolique.

Noël 89 Ceausescu est destitué et assassiné par une révolte populaire. **D.** avec quelques volontaires, décide (sans m'en faire part et me laissant seul avec mon fils pour les vacances) d'aller à la rencontre des Roumains jumelés, dès lors que les frontières étaient subitement libérées. Au volant, pour 2000 km d'une camionnette remplie de cadeaux, vivres et vêtements, elle a traversé l'Europe pour atteindre un étonnant petit village de Transylvanie enfoui sous la neige. Ils avaient été accueillis comme les rois mages par de pauvres paysans étonnés que l'on puisse s'intéresser à leur sort quelque part en la grande France, nation sœur.

J'avais, moi-même, organisé, sous Ceausescu cette fois, un voyage d'études horticoles depuis l'école. Nous avions été étonnés par le retentissement de la culture française dans ce pays, latin comme nous. Il n'était pas rare de rencontrer des Roumains parlant parfaitement le français, alors qu'ils n'avaient jamais mis les pieds dans notre vénéré pays. Ceux-là parlaient un français très littéraire tendance Montesquieu. Au contraire de cette prof de langues restée amie à travers le jumelage, cette fois, qui faute de trouver, sous le tyran des livres de littérature française avait perfectionné son français en lisant Nous Deux (roman-photo à l'eau de rose).

D. se mit aussi tôt à apprendre le roumain, dans les livres et sur le tas. Nous nous sommes rendus là-bas plus tard avec mon ami Maire et nous les avons reçus au village. Les séparations après séjour étaient toujours extrêmement douloureuses : nous réalisions, totalement désespérés, que cette génération (la nôtre) était entièrement sacrifiée et sans avenir. Ils avaient subi l'oppression communiste et connaissaient aujourd'hui les affres d'un libéralisme débridé et ravageur. Leur slogan préféré était hallucinant « Il faut aller de l'Avant, parce qu'Avant c'était mieux ! ». **D.** a poursuivi des relations au-delà du jumelage et au-delà de nous…

D. passionnée par son travail avait une culture cinématographique imposante dont elle me faisait profiter. Je n'allais voir que les films qu'elle me conseillait, mais son parisianisme m'ennuyait. J'avais l'impression qu'elle aussi n'allait voir que les films recommandés par Les Cahiers du Cinéma. J'avais et j'ai toujours un goût limité pour le 7e Art. Était-ce par souci d'équilibre dans notre couple ? J'aurais aimé soigner sa filmite aiguë. J'avais beaucoup plus de considération pour d'autres créateurs comme le peintre, le sculpteur, l'écrivain et le compositeur qui eux sont seuls face à leur création. Le cinéma est une œuvre collective partagée par une équipe (metteur en scène, cadreur, cameraman, éclairagiste, monteur, musicien), j'y perçois plus difficilement le génie.

Je tentais parfois des discussions ciné avec elle pour ébranler ses certitudes (et établir les miennes). Son opinion était faite avant même de voir le film. Cela m'était totalement insupportable d'une femme à l'esprit si curieux. Curieux n'implique pas Ouvert ? Le curieux peut creuser sans fin une seule idée comme d'autres creusent leur trou. Retranchée derrière sa compétence, elle ne daignait pas même entendre mes arguments. Le bon sens paysan inquiète ; mieux vaut s'en prémunir.

Nous n'avions pas le goût, pourtant répandu, des voyages, et surtout moi. **D.** sous couvert de film avait réussi à emmener Sylvain avec elle, au Brésil, en Grande-Bretagne et en Roumanie. Moi, je refusais de prendre l'avion pour faire du tourisme : d'une part pour raison écologique, et d'autre part l'idée de me sentir étranger quelque part m'était insupportable. J'avais dans ma jeunesse sillonné l'Europe entière en 2CV, couru les Suédoises en Scandinavie, dragué les Allemandes en Espagne, et les petites Anglaises chez elles au rythme des Beatles. Je n'avais pas tout à fait mon compte côté musée et galerie… On verrait plus tard.

Il devenait urgent de se retrouver autour d'un nouveau projet. Le virus de la voile flottait à nouveau. Nous étions mûrs pour redémarrer au bas de l'échelle (Beaufort). Nous avons acheté d'occasion un kit de construction d'un petit Doris à un type qui n'avait pas réussi à le monter. En quelques semaines nous avions un magnifique Doriplume, voile/aviron, en bois verni. Sur la Seine, avec un canotier sur la tête, on passait pour des modèles échappés de Giverny et à Chausey, où il faisait merveille avec des casquettes de loup de mer, on faisait figure de vieux gréement local. Quel plaisir d'avoir un tout petit bateau ! Et celui-ci avec ses deux modes de propulsions, voile et rames n'est jamais en panne, et surtout sans moteur. Il me rappelait mon Sprat de l'enfance et quand nous nous mettions à la rame, l'un derrière l'autre, Sylvain et moi nous bombions le torse en pensant au 2 sans barreur des JO de 1924 de J P Stock. On le déplaçait sur le toit d'une 4 L, cette fois (on s'embourgeoisait) et pour l'emmener dans nos îles on le montait sur la vedette ou elle le tirait derrière en remorque sur l'eau.

Au bout de quelques années, frustrés de ne pas pouvoir assurer nous-mêmes la traversée, démangés par le maudit virus du voileux (le mètre de plus), nous envisagions un navire un peu plus grand et bien monocoque. J'avais été jusque-là un inconditionnel du multicoque et j'étais en train de changer d'avis. On sent mieux les éléments sur une embarcation qui réagit (gîte) spontanément à la force du vent et aux changements de cap. Le plaisir à la barre est incomparable.

Le Maraudeur, petit dériveur (5,50 m) à petite cabine des années 60, répondait parfaitement à notre programme. Nous en avons trouvé un que nous avons dû affûter pour participer aux régates des mordus de l'Association Nationale des (vieux) Propriétaires de Maraudeurs. Une bande de vieux loups de mer qui se tiraient régulièrement la bourre sur un plan d'eau. Ils avaient tous transformé ce bateau aux allures paisibles en véritable usine à gaz pour gagner quelques centimètres en coupant la ligne d'arrivée. Nous étions régulièrement relégués au fin fond du classement. Les contestations de mauvaise foi sur le tapis vert étaient de rigueur. Et les moqueries et propos revanchards animaient le banquet du soir. Le vent et les embruns marins n'étaient pas seuls responsables du pourpre des mines réjouies qui chantaient autour de la table un verre à la main. Les mauvais à la régate (nous) pouvaient prendre leur revanche à table – meilleurs au bar qu'à la barre !

J'ai un merveilleux souvenir de vraie voile à bord de ce bateau. La mère de **D.**, grand-mère de notre fils, avait loué un gîte dans la grande île pour une semaine en été. Nous allions pour la première fois séjourner confortablement à Chausey. Les femmes prendraient la vedette avec les bagages et nous les Hommes (il fallait en avoir) devions traverser sur le Maraudeur, par un petit 6, un bon 5 (beaufort), mer formée. Nous avons hésité longuement. Sylvain avait une quinzaine d'années et je réalisais que c'était la première fois où je devais absolument compter sur lui pour entreprendre quelque chose de sérieux. Il en a pris très vite conscience en me voyant prendre à ce point les choses au sérieux. Pour une fois papa ne rigolait pas. Je lui ai posé la question de confiance ; il m'a répondu qu'il était OK et qu'il n'avait pas peur. « On fait un test devant le port (Granville) là où ça chahute toujours fort ! » Bottes, cirées, 2 ris dans la grand-voile, un seau pour écoper.

C'est fort comme prévu, mais vent de face, le bateau est bien équilibré, on est tous les deux au rappel, ça tient. On se regarde, prêt pour 3à 4 heures de près serré ? Ok on y va, on pourra toujours faire demi-tour si ça forcit après le cap. On a tenu bon, plus on progressait plus nous prenions confiance et plus nous étions à l'aise. Sylvain écopait régulièrement les fonds, le bateau faisait de l'eau sans que je comprenne pourquoi ; on verra ça plus tard. Dès qu'un nuage plus menaçant s'approchait, il fallait enrouler sommairement le foc et le dérouler sitôt le grain passé pour reprendre un meilleur cap. En approchant de l'archipel, la mer se faisait plus supportable et le vent faiblissait légèrement à l'abri des îles. L'épreuve devenait plaisir, on se serrait l'un contre l'autre pour se maintenir chaud et ne faire plus qu'un dans le vent. Aux abords de la grande île, la mer était plate, le bateau filait à merveille, le soleil dans ce ciel de traîne nous offrait une lumière à la Boudin. À l'entrée du Sound on a aperçu les silhouettes des mères. On était sauvé.

Il y avait beaucoup de bateaux à l'abri au mouillage. Les équipages prenaient l'apéro au soleil dans leur cockpit et nous regardaient évoluer avec considération. C'est alors qu'avec fiston on a entrepris, crâneurs, un dernier tour d'honneur à louvoyer dans le courant au ras des bateaux. On était devenu l'attraction du mouillage à frimer pareillement, quand dans un virement, trop sollicitée depuis le départ, la sangle de rappel à nos pieds a lâché, j'ai fait alors, sous les applaudissements des spectateurs, un véritable saut périlleux arrière spectaculaire en bottes, ciré et bonnet. Je me suis retrouvé dans l'eau avec le stick de la barre à la main. Sylvain qui tenait à la main l'écoute de foc n'était pas tombé à l'eau, par bonheur, l'embarcation a lofé immédiatement et s'est immobilisée. J'ai pu remonter à bord. Avec Sylvain, qui n'avait pas tout compris à la manœuvre (et pour cause), nous avons beaucoup ri… tous les plaisanciers aussi.

Les retrouvailles avaient été chaleureuses, mais chacun se demandait ce qu'il serait advenu si l'incident était survenu en pleine mer dans la tourmente. Sylvain aurait-il été capable de me repêcher avant que je coule ?

Nos rapports se dégradaient doucement. **D.** s'impliquait de moins en moins dans notre vie de couple. Elle était toujours fourrée avec notre amie Laurence, à tourner et à monter. Avec la ménopause, ses bouffées de chaleur et ses humeurs, j'encombrais ses bras sans vie. Je me sentais insidieusement mis à l'écart. J'aurais certainement dû faire preuve de compassion, mais elle ne m'y incitait pas en me repoussant de la sorte. Je ne voyais plus d'avenir entre nous

Sylvain, mon fils chéri prenait normalement son envol, je me retrouvais seul à la maison, sans la moindre envie de fêter mes 50 ans avec qui que ce soit, et je l'avais laissé entendre à mon entourage.

Un soir en rentrant de ma partie de tennis hebdomadaire, toute une troupe m'attendait derrière la porte et quand je l'ai franchie, ils ont entonné en chœur au son des guitares sur l'air de « il est libre Max »

IL est libre Loïc
Il met de beaux engrais
Mine de rien dans tout c'qu'il plante
Et l'arrosoir agile
Même dans les cas difficiles
Il sème à tous les vents
Graines, bulbes et tubercules
Les clés de la maison
Les papiers d'identité

Refrain
Il est libre, Loïc (bis)
Yen a même qui disent
Qu'ils l'ont vu creuser

Comme il n'a pas d'argent
Pour faire le grand voyageur
Il va parler souvent
Aux habitants de son cœur
Il retape un bateau
Un bon vieux maraudeur
Une étape de plus
Dans sa cour au bonheur

Refrain (vaquer)
Le pied marin
Ça c'est sûr il l'a,
Mais ça n'lui suffit pas
Il lui pousse des ailes
Dis, c'est quoi le p'tit point
À l'horizon là-bas
C'est Loïc qui descend
En parapente voyons

Refrain (voler)
Et puis de temps en temps
Comme Robinson Crusoé
Il emmène sa famille
Jouer les naufragés
Les pieds dans l'eau
Ils pêchent toute la journée
Soleil, écorchures et
Repas bien arrosés
Refrain (nager) puis reprendre tous les refrains.

J'étais ému aux larmes, il y avait là mon fils et sa mère **D.** la Laurence, sans doute auteur des paroles ainsi que tous nos amis Béliers, comme moi. Ils avaient intitulé la soirée « La saint Bélier » pour ne pas contrarier celui qui ne voulait pas souhaiter son anniversaire. Que d'égards à mon égard ? Saucissons, vin rouge sur le buffet.

Nous voilà heureux pour quelques jours ;

Mais j'ai tout de même 50 ans, un demi-siècle !

Pendant les vacances qui ont suivi, **D**. est partie avec Laurence faire des prises de vue à Londres. Notre fils, retenu par des examens, n'a pas pu m'accompagner pour un court séjour à la neige dans notre chalet de montagne, histoire de changer d'air. J'ai constitué à la hâte un petit groupe de vieux amis, gais lurons et bons skieurs auquel, s'était jointe **J**. une recrue de dernière minute qui allait embellir le séjour… puis ma vie.

Avec de telles perspectives, j'ai choisi de quitter **D.** Il aurait été plus simple et moins douloureux de se séparer au profit de personne d'autre. Mais je n'aurais pas su quitter **D**. sans avoir un avenir amoureux assuré. Je suis incapable de vivre seul et sans amour. Je n'ai besoin de personne pour m'aider au quotidien, j'aurais plutôt séduit les femmes avec ma cuisine, que l'inverse, tout en reconnaissant que je serais plus à l'aise dans une caverne que dans une grande maison. J'aime manger bon, mais je n'ai aucun goût pour le confort, il m'arrive même de le trouver avilissant. Quand **J.** plus tard a introduit un canapé en cuir pour remplacer mes vieux fauteuils rustiques en osier de mon salon, les amis un peu perdus trouvèrent que je m'embourgeoisais dangereusement.

La relation de **D**. avec Laurence m'était particulièrement insupportable. Elles me mettaient à l'écart, elles me tenaient à l'écart, travaillaient entre artistes la semaine, le week-end, et maintenant les vacances. Je ne comptais plus. Je refusais aussi d'admettre que leur relation puisse être de nature homosexuelle, malgré les allégations de mon fils. Laurence était une lesbienne notoire (du genre qui n'aime pas du tout les hommes) qui partageait déjà sa vie avec une autre femme.

J'avais choisi **D.** par ce qu'elle me garantissait une vie riche en tous points, et elle l'a été. Je ne ferai plus jamais autant que nous n'en avons fait ensemble. Je l'avais certainement choisie aussi pour satisfaire mon émancipation à l'égard de ma mère. C'était mon choix, ne lui déplaise, et je ne l'ai jamais regretté même aujourd'hui à la veille de notre séparation. Nous avons eu le plus beau fils au monde et nous l'avons bien élevé ensemble. Nous n'avons pas le moindre regret à avoir et j'entends ne pas avoir la moindre honte à vouloir simplement tourner cette page sans en effacer les lignes, d'ailleurs indélébiles.

D. fut rapidement au courant de ma relation avec J. Nos rapports étaient de plus en plus difficiles, voire inexistants. Elle devint totalement fuyante et sèche. Elle refusait tout tête à tête. Elle me balançait quelques vérités acerbes entre deux portes sans me donner la possibilité de répondre. Elle provoquait en permanence l'affrontement et le refusait. Elle creusait de jour en jour le fossé qui nous séparait maintenant.

Je voyais J. à la sauvette (et un peu plus) chez nos amis les mariés, dont nous avions été les témoins, il y a quelques années (comme dans les romans-photos). Elle était toujours aussi enthousiaste, tendre et sensuelle. Je lui avais fait comprendre que je quitterais ma femme pour elle, elle s'était aussitôt engagée à quitter son amant du moment. Nous étions si vite en phase ; il est des rencontres qui ne trompent pas.

Rompre avec **D.**, la mère de notre fils, était certainement la décision la plus importante de mon existence, j'en mesurais la gravité. Tout remettre en cause n'était pas vraiment le terme, mais c'est ainsi qu'elle le prendrait.

Nous n'avions jamais eu à prendre de décision ensemble, tout se construisait spontanément, les jardins, les maisons, les bateaux, les sports et les vacances et même un enfant. **D.** m'avait annoncé qu'elle attendait un enfant après trois mois de grossesse, quoi de plus naturel, c'était tout simplement le cours des choses. Un enfant concrétisait notre bonheur. La nature fait bien les choses. Nous l'avons annoncé à ce qui nous restait de famille quand cela a commencé à se voir. C'était notre affaire, pas la leur et en particulier pas celle de ma mère (qui sera néanmoins une super grand-mère). Nous avions tracé notre vie sans véritables événements, en pointillé au regard de certains – **D** vivant à Paris en semaine –. Je l'avais admis au moins jusque-là.

Ma décision était prise et nous voilà enfin face à face :

« **D.** il faut que l'on parle », elle me regarda enfin dans les yeux

— J'ai décidé de te quitter, après presque trente ans de vie commune, je souhaite que cela se passe, si ce n'est bien, du moins avec calme et un maximum de sérénité… Oui, je suis trop malheureux. J'ai l'intention de refaire ma vie.

— Mais je n'ai pas de projet, moi », dit **D.** avec arrogance puis tristesse et un début de résignation.

France musique égraine alors les premières notes de la sonate de Beethoven dite Le Printemps.

« Te souviens-tu ?

— Je t'en supplie », **D.** tristement.

C'était lors des toutes premières fêtes de la musique. **D.** avait daigné m'inviter à une soirée avec ses amis parisiens ; en fin de soirée un couple avait joué cette sonate au pied levé en déchiffrant les partitions avec une aisance surprenante pour de simples amateurs. Ce « live » nous avait beaucoup ému l'un et l'autre

« Tu ne m'aimes plus…

— Tu as passé un week-end avec cette nana et hop !

— J'ai surtout accumulé quelques rancœurs et pris quelques gifles ces dernières années ; quant à **J.** elle n'est ni plus belle ni plus intelligente que toi, elle est seulement plus femme.

— avec ses genoux cagneux et…

— Ne perds pas ton temps à la dédaigner, il est trop tard… D'ailleurs tu sais très bien qui elle est…

— Bon, cette fois, tu retrouves quelqu'un de ton milieu.

— Comment ça ?

— Moi je n'étais pas de ton milieu.

— Et alors ? Cela ne m'a pas empêché de te choisir et de t'aimer. D'ailleurs tes parents vivaient plus bourgeoisement que ma pauvre mère. Quant à **J.** elle n'affiche pas d'appartenance sociale, elle a plutôt renié ses origines (XVI -ème) pour aller élever des chèvres dans le Cantal ou comme aujourd'hui militer au Planning Familial à aider des femmes en détresse.

— Oui c'est bien ce que je te dis, comme toi. Mais ta mère, par exemple, ne se gênait pas pour me le rappeler.

— À toi ? Certainement jamais !

— À moi pas… Mais à ma mère.

— Attends, si ta mère et ma mère ne s'entendaient pas, c'est parce qu'elles n'avaient pas les mêmes centres d'intérêt dans la vie : les préoccupations de midinette de ta bourgeoise de mère n'intéressaient pas maman.

— De toute façon, je savais qu'un jour tu me quitterais à la disparition de ta mère.

— Je veux bien l'admettre, sauf qu'aujourd'hui ma mère est toujours vivante.

À cet instant je me suis senti envahi d'une sueur moite au souvenir odieux de la fois où nos deux mères s'étaient rencontrées. Ma mère avait osé me dire, parlant de la mère de **D.** “On dirait une poule qui a pondu un canard”. J’ai mis des années à m’en remettre.

— En fait, je pensais que tu me quitterais à la puberté de ton fils, comme ta mère a largué ton père quand tu avais douze, treize ans.

— Je ne comprends rien à tes explications ; quand mon père est mort, j’avais trois ans.

— Pardon ! Tu ne savais pas ? Ton père biologique n’est pas Jean Pierre Stock, mais Paul Péronne, l’Oncle Paul.

— Bien sûr que non, si je l’avais su, je ne te l’aurais pas caché !

— Excuse-moi, j’étais persuadée que tu le savais ; à cet indice de l’autre soir, chez ta cousine, quand tu as débouché cette bouteille de vin sans découper préalablement la capsule avec ton Opinel. Vous aviez un air complice qui laissait entendre que tu avais hérité de cette manie de l’Oncle Paul.

— C’est exact, mais j’ignorais que c’était congénital ! Et toi, comment l’as-tu appris ? »

D. l’avait appris de ma tante Mouty. Incompréhensible ! Elle a même ajouté que l’oncle Paul avait pris contact avec elle à la naissance de notre fils Sylvain. Je n’ai pas le souvenir qu’elle m’en ait parlé à l’époque.

Elle essuyait alors quelques larmes, c’était la première fois que je la voyais pleurer, parce que notre fils aurait ainsi pu avoir un grand-père… oubliant que je venais de lui annoncer notre séparation et qu’elle venait de trahir le plus impensable des secrets de famille : un mensonge de cinquante ans qui m’a privé de celui qui m’a donné le jour. Je ne comprenais plus rien de **D.** certes, je l’accablais de ses manquements dans notre vie de couple, et se sentait-elle à ce point coupable pour oser une telle diversion ?

Cette conversation a certainement été la plus intime de notre vie de couple. Il y avait ainsi des sujets que l’on n’abordait pas. Est-ce que nous les évitions ? Par pudeur ? Par peur du heurt ? Par manque d’intérêt ? Ou simplement parce que nous les contournions chacun à notre manière : Le sport, la filmite aiguë, les livres, Laurence pour **D.**

Le dessin, la musique et les relations intimes extra-conjugales secrètes pour moi. Je ne cachais pas mes frustrations, mais, elle, qui vivait en toute liberté, en avait-elle aussi ? Elle n'en a jamais fait part.

Au cours de la conversation, elle n'a pas voulu admettre le caractère homosexuel de sa relation avec Laurence ni qu'elle ne m'aimait plus. Quand je lui ai demandé si elle se sentait capable d'aimer encore ? Elle a répondu :

« Oui.

— Un homme ou une femme ? lui ai-je demandé.

— Un homme (j'étais sûr qu'elle mentait).

— Mais tu ne m'aimes plus, moi, homme ?

— Quel gâchis ! » avait-elle ajouté, énigmatique.

S'agissait-il de reproches faits à ma mère coupable du mensonge sur ma filiation, de reproches à moi trop impatient et trop exigeant en amour ou bien, à elle-même incapable de m'aimer et de me retenir…

Le lendemain, dès l'aube, je me suis rendu chez ma cousine pour confirmation des révélations de **D.** Cette cousine parisienne avait acheté une résidence secondaire dans le village pour être auprès de sa Taty, ma mère, qu'elle affectionnait tout particulièrement. C'était la mieux placée pour aborder le sujet qui me tourmentait. Elle était agrégée de philo et psychologue et, dix ans plus âgée que moi, elle en savait davantage sur la famille.

J'ai commencé par lui apprendre que j'avais décidé de me séparer de **D.** et venais lui demander aide car elle était, à mes yeux, experte en la matière. Elle avait eu beaucoup d'hommes dans sa vie et maniait la séparation avec une aisance qui me stupéfiait : à chaque grande fête qu'elle organisait, tous ses ex étaient là avec nouvelles femmes et nouveaux enfants dans une parfaite entente. Moi, après une première demi-journée de séparation imaginais mal le tableau avec **D.**, **J.**, Laurence, la pianiste et les autres. Elle me donna une explication très simple : ils ne s'étaient jamais séparés pour un autre ; ils n'étaient que deux et non trois, sans rivaux en somme, et leur séparation n'avait pas développé de jalousie et de rancœur (il n'y avait pas de cocu).

J'appréciais sa lucidité et sa capacité d'analyse dont elle avait d'ailleurs fait son métier. Elle s'enquit de la réaction de **D.** et des problèmes matériels que cela pouvait nous poser (il n'y en avait pas, car nos biens étaient séparés). Je lui fis part de mon intention de la ménager au maximum en lui laissant la jouissance de la maison et du jardin un certain temps. Elle me le déconseilla fortement, **D.** devait m'oublier au plus vite, s'éloigner franchement vers de nouveaux horizons.

Elle comprenait mon choix. Elle appréciait **D.** et admettait qu'elle n'était pas très sexy (Elle, était très féminine). Elle était une femme de pouvoir et ses décisions étaient sans appel, c'est la raison pour laquelle elle s'entendait si bien avec ma mère, comme elle, elle était une femme libre. Elle était aussi une grande amoureuse et pour cela elle ne m'aurait jamais jeté l'opprobre. La quête du bonheur, elle l'avait pratiquée toute la vie et mon exigence en amours avait été sienne aussi. Elle m'encourageait donc, un sérieux soutien, mais en avais-je besoin ? Mais je n'étais pas venu la voir pour cette raison.

« Dans l'affrontement d'hier soir **D.** m'a dit que mon père biologique serait l'Oncle Paul.

— Oui c'est vrai.

— C'est Mouty, ta mère, qui lui aurait appris ; si je comprends, tout le monde le savait sauf moi.

— Dans la famille, oui.

— C'est impensable !

— C'est une belle histoire d'amour, ton père légitime J P Stock et Taty ta mère ne…

— Stop cousine ! Je ne veux pas savoir. Tu te doutes que ce nouveau père me convient tout autant que le précédent, là n'est pas le problème. Maman pour des raisons que j'ignore totalement a décidé de m'éloigner de lui et de me cacher la vérité. Ce mensonge est son choix de toute une vie que je ne vais pas remettre en cause aujourd'hui alors qu'elle a quatre-vingt-dix ans. À quoi bon l'accabler ? Je respecterai son choix jusqu'à sa mort ; nous nous reverrons alors et tu me raconteras mon histoire. »

J'avais plus que jamais envie de vivre au présent, revenir sur le passé, mon passé, celui de toute ma famille n'était pas prioritaire. Est-ce vraiment nécessaire de tout savoir ? Même les secrets ? N'ont-ils pas leur raison d'être ? Je craignais surtout de modifier mon regard sur ma mère. Celle qui avait fait tant de sacrifices pour élever, bien élever ses deux enfants, avait toujours agi par excès d'amour – j'en étais sans doute le fruit –. Le seul reproche que je pouvais lui faire était son silence et je venais de m'engager à le respecter.

Nous avons mangé ensemble **D.** et moi, elle était plutôt calme, presque empressée à mon égard. Pour la rassurer, je lui avouais n'avoir aucun état d'âme suite à ses révélations, elle se montrait étonnée. Peut-être était-elle déçue que ce dernier coup de griffe ne m'ait pas davantage ébranlé. Je lui proposai pour la première fois en trente ans de faire chambre à part, elle s'installa dans la chambre d'amis. Au milieu de la nuit, elle dut traverser la chambre pour se rendre aux toilettes. Elle s'était arrêtée nue un instant, comme hésitante, à la tête du lit puis était repartie. Le lendemain, elle avait disparu, comme chaque lundi…

Dans la semaine je suis passé chez ma mère sachant que ma tante Mouty venait lui rendre visite. Elles étaient attablées autour d'une tasse de thé. J'avais là, sous la main, les deux responsables de ce foutu imbroglio : celle qui avait menti (ma mère) et celle qui avait dévoilé le mensonge (ma tante Mouty). Je m'en suis tenu à mes engagements, je ne les ai pas affrontées, je n'ai pas abordé le sujet. Je crois même avoir eu pitié d'elles avec leur silence. Avec le temps elles avaient peut-être oublié le secret, ou bien au contraire plus le temps avançait plus elles en avaient honte. Avec un certain détachement, je les laissais aux prises avec leur conscience muette. Je leur annonçais tout de même la raison de ma visite : ma séparation avec **D.** ma mère ne laissa pas sa petite sœur (80 ans) manifester des regrets. Mouty appréciait en effet beaucoup **D**, son côté militante rustique, comme elle-même. Elle, qui avait été toute sa vie une épouse fidèle, considérait toute séparation avec regret.

Ma mère m'a alors prié d'aller chercher dans son secrétaire un petit papier sur lequel elle avait écrit « Loïc et **D.** séparation ». Était-ce prémonitoire ou était-ce un vœu ? Elle n'en était tout de même pas à piquer des aiguilles dans une poupée. Elle annonça aussitôt à sa sœur « Maintenant nous avons un médecin dans la famille », alors que je n'avais pas même eu le temps d'évoquer **J.**, elle eut tout de même la décence de préciser qu'elle ne souhaitait rencontrer **J** que lorsque ma séparation avec **D.** la maman de son petit-fils serait effective. J'avais été sensible à une telle délicatesse de sa part, car je l'avais souvent vue pratiquer le court-circuit blessant dans son entourage. Enfin, j'étais toujours heureux de voir ensemble ces deux sœurs qu'un monde séparait et que le lien familial unissait infailliblement. Un sentiment que je ne connaîtrai jamais avec mon frère.

Je ne peux pas dire que les grandes réunions de grande famille m'aient manqué. Je considérais celles auxquelles j'avais pu assister dans mon entourage avec plus de curiosité que d'envie ? Les liens du sang m'étaient un peu étrangers ; aux dernières nouvelles, à ce que j'ai pu comprendre, ils seraient limités à ma seule mère…

J'étais en quelque sorte soulagé d'avoir annoncé la nouvelle à la famille. Les réactions sentimentales de ma mère sont certes imprévisibles, je redoutais seulement un excès d'enthousiasme déplacé de sa part, histoire d'enfoncer un dernier clou. J'étais moins sûr des réactions de mes proches et amis. J'avais à cœur d'annoncer la nouvelle moi-même et qu'elle soit bien perçue comme MA décision. Il y avait peu de risque que je passe pour le largué dans cette affaire, mais tout de même… Je revendiquais cette décision, mais n'en étais pas fière pour autant ; toute séparation reste un échec. J'entrepris la tournée des amis.

Il s'agissait principalement de mes amis, lesquels n'étaient pas nécessairement ceux de **D.** Elle était très difficile en amitié, mais aussi très négligente (comme en amour). Elle m'avait appris à oublier ce qu'il est convenu d'appeler des Relations. Elle pouvait en société se montrer très déplaisante, voir inconvenante au point de s'endormir à table au milieu d'une conversation inintéressante. Chez ceux-là au moins on était sûr de n'être plus invité. Elle m'avait ainsi éloigné de quelques amis, que je ne tarderais pas à retrouver. Je suis prêt à reconnaître que les amis d'enfance ont un statut particulier. On ne les a pas vraiment choisis, ils sont. Ils sont là pour se souvenir ensemble de notre jeunesse et cela est gravé, il n'y a pas de nostalgie, c'est au présent quand on se rencontre. Les déménagements, Vendôme, Argenteuil, Paris ont balayé les amis d'enfance de **D.** beaucoup de gens n'ont ainsi plus d'amis d'enfance, plus d'amis de jeunesse. Moi, je les garde comme des jalons, comme les cailloux semés par le petit poucet pour retrouver le chemin de mon enfance… si heureuse.

Tous ces amis, dans l'ensemble, ont bien admis ma décision. Beaucoup l'ont comprise pour ne pas dire encouragée, jugeant que **D.** ne s'impliquait pas suffisamment dans notre couple. J'ai cependant senti chez les femmes (de mes amis), une certaine réserve, comme si elles redoutaient subitement que ma démarche n'inspire leur mari. Les familles bien pensantes m'ont regardé de travers quelque temps. Pour les plus cathos, rompre la cellule familiale est un péché difficilement pardonnable même à un bon ami athée. Pour les vieux couples endurcis l'idée même est impensable, à quoi bon se séparer. Toutes les femmes connaissaient et appréciaient **J.**, la gynéco réputée douce et à l'écoute, la bénévole discrète du planning familial. Elles étaient contentes à l'idée de la rencontrer en tant qu'amie. Tous les hommes, qui l'avaient croisée, avaient été sensibles à son charme et se réjouissaient dès lors de me rencontrer en si charmante compagnie. Il en est peut-être qui m'ont très secrètement envié. Je veux dire « envié » ma hardiesse, d'avoir osé remettre tout en cause.

Pendant cette période **D.** avait libre accès à la maison. Les clés étaient toujours sous la jardinière de Géranium. Je lui avais même proposé de jouir du potager à sa convenance. Elle refusa net à l'idée de semer des graines que **J.** aurait pu récolter. Elle passait irrégulièrement en camionnette, seule ou avec Laurence, pour récupérer ses affaires, en coup de vent. Elle était fuyante et sombre. J'étais toujours déconcerté par ses priorités, un vieux cadre de vélo rouillé, une poterie ébréchée, des articles de journaux dans une pochette, des cartes postales…

Au fur et à mesure que **D.** vidait lentement ses tiroirs, **J.** les remplissait. Des chemisiers brodés, des jupettes courtes, des dessous en dentelles et des chaussures à talons prenaient la place des pantalons, blousons, casquettes, grosses chaussures et tennis. Jamais **D.** ne reprit dans la penderie la robe que je lui avais offerte et qu'elle n'avait jamais portée.

Elle me rappela toutefois qu'elle avait acheté, avec son argent, chez un brocanteur, notre chambre à coucher en pitchpin, vingt ans au paravent. J'étais bien ennuyé en m'imaginant sans lit où dormir, et où recevoir **J.** Je n'avais pas non plus d'argent pour renouveler l'ensemble.

Je réalisais à cette occasion, combien **D**. s'était peu impliquée dans notre foyer en vingt-cinq ans. Elle avait toutefois introduit un téléviseur (celui des grands-parents décédés) pour visionner ses films, proposer des dessins animés aux enfants et regarder Thalassa le vendredi soir. Tout le reste (meubles et tableaux) était signé Stock. De sorte que nous n'avons pas connu les rafles sournoises et les vides douloureux qui accompagnent la plupart des séparations, comme si celle-là avait été programmée.

Par bonheur, **J.** m'avoua qu'elle trouvait le matelas très mauvais et qu'il était de toute façon trop petit pour nos ébats amoureux. L'idée était nouvelle pour moi et plutôt réjouissante. Elle proposa d'en acheter un nouveau.

Elle l'avait trouvé, état neuf, chez une amie, dans l'arrière-pays Deauvillais. Nous sommes allés ensemble le chercher chez cette vieille amie qui avait souvent changé de vie (et de lit) que notre projet amoureux comblait d'aise. Nous avons chacun fait un chèque de la moitié de la somme, ce qui ne manqua pas de la surprendre, elle, qui avait toute sa vie vécue aux crochets d'hommes riches.

Sur le retour, tandis que dans les chemins sinueux du bocage, le matelas et le sommier faisaient des bons (de joie) dans notre remorque, nous nous sentions aussi plus légers : l'affaire, toujours délicate, du lit conjugal était enfin réglée, et dans l'allégresse. Acheter en commun son lit était certes un acte fondateur pour un couple et nous l'assumions en chœur dans cette campagne à laquelle nous étions attachés, l'un et l'autre. Mais nos pensées étaient déjà à la nuit inaugurale.

Quelque temps après, elle débarqua avec pinceaux et rouleaux pour repeindre la chambre. J'étais déconcerté et j'avais un peu honte. Mais quand je l'ai trouvée perchée sur un escabeau, moulée dans un Jean maculé de vieilles peintures, et presque nu sous une blouse blanche d'étudiante en médecine, j'ai vite troqué mes remords et ma gêne pour un enthousiasme débordant.

Nous étions bien deux à construire le nid.

Restait le jardin. **J.** avait senti que **D.** avait certainement laissé davantage son empreinte, ces derniers temps, dans le jardin plutôt que dans la maison et la chambre à coucher. J'étais moi-même pas très à l'aise à y poursuivre les travaux entrepris par **D.** qui y consacrait plus de temps que moi. Elle avait refusé mon offre insensée de poursuivre, et elle avait eu raison, il ne me restait plus qu'à me débrouiller seul. J'entrepris discrètement, à l'insu de **J.**, pour ne pas la brusquer, les travaux lourds de bêchage et désherbage quand elle n'était pas là. Elle ne vivait pas ici, mais à Rouen avec ses enfants. Elle venait, tous les jours, prendre avec moi fébrile, le déjeuner que je préparais amoureusement, à l'heure de la pause où jusque-là, elle grignotait un sandwich dans son cabinet médical, situé à quelques kilomètres de chez moi.

Et puis un jour je l'ai trouvée à quatre pattes, au fond du jardin, à arracher des orties, gants en latex de gynécologue aux mains. « je ne pouvais plus me retenir, j'aime tellement ça ! », m'avait-elle avoué comme prise en flagrant délit. Elle faisait décidément tout au-delà de mes espérances.

Nous avions hâte de partager des moments plus intimes et surtout plus tendres. Ce n'était pas facile. Nous avions à cœur de ménager les enfants de **J.**

Je passais régulièrement raconter mes sorties avec **J.** à ma mère. C'était sa façon de voyager, elle qui ne sortait plus. Elle manifesta rapidement son empressement de la rencontrer, alors que la situation avec **D.** était désormais claire. Elle nous invita donc, tous les deux, à un de ses « apéritifs dînatoires » dont on sortait repu et un peu pompette. Avant de nous y rendre j'avais osé demander à **J.** de porter une jupe pour la circonstance, pour ne pas décevoir ma mère qui avait été très malheureuse de me voir vivre avec une femme aussi peu féminine que **D.**, avec laquelle elle aurait aimé parler chiffon et mode de temps en temps pour se rappeler sa jeunesse de mannequin. **J.** était toujours coquette et portait souvent des jupes, mais je préférais assurer le coup. Je n'eus pas à la prier.

Cette petite bouffe avait été très gaie, tout le monde était très heureux de pouvoir enfin se rencontrer. **J.** d'un naturel réservé avait été presque bavarde. Elle avait naturellement bien plu à Madeleine qui était fière de son fils. Ce changement dans ma vie la comblait de plaisir, elle l'avait sans doute attendu – pas toujours secrètement. J'étais heureux de pouvoir lui offrir ce petit plaisir pré-mortem, avec la complicité de **J.** elle-même avait été impressionnée par la présence d'esprit et la jeunesse de cette vieille dame au dos courbé et à l'œil vif. L'examen de passage était réussi. Quelques semaines plus tard, examen de contrôle cette fois, chez mon cousin Colas dans le Cotentin. Il avait vu naître notre relation lors du fabuleux week-end à la montagne, mais ne savait rien de ses conséquences. Ils nous ont accueillis, sa femme et lui, avec beaucoup d'enthousiasme et une attention toute particulière pour **J.**, qu'ils étaient contents de retrouver, et à mes côtés. Nous avons randonné dans la lande entre le Nez de Jaubourg et le Cap de la Hague, sur les traces cette fois de Courbet et de Prévert. Une côte que je connaissais davantage par la mer que par les terres pour l'avoir tant sillonnée en voilier avec **D.** : port Racine, le plus petit port de France, Omonville la Rogue, dernier refuge pour attendre la renverse dans le Raz Blanchard, aux tourbillons et courants les plus violents d'Europe, avec au large la délicieuse île d'Aurigny (Alderney en Anglais) avec ses pièges, Les Casquets et les Ecréoux, le Singe et au loin le Passage de la Déroute. Je surveillais **J.** du coin de l'œil, pour m'assurer de ses capacités physiques. Je fus rassuré quand, dans un passage escarpé, je lui avais demandé ironiquement si son paquet de Camel fumé la veille passait bien, elle m'avait répondu « ça va. J'aime tellement marcher ! Dommage que je n'aie pas emporté mes grosses chaussures de marche ». Je ne courrai sans doute plus comme avant avec D, mais au moins nous marcherons ensemble et peut être irions-nous plus loin.

Le soir, retour dans leur charmant cottage où nous attendaient un délicieux repas et les bonnes bouteilles du cousin Colas. L'ambiance en était d'autant plus limpide et douce. **J.** avait pris des couleurs après une journée au grand air, et nous aussi après quelques verres. J'avais là, autour de moi, un condensé des êtres que j'aimais, dans un moment de parfaite quiétude loin des propos revanchards et mesquins de ces dernières semaines sans amour. On était dans le vrai, et j'étais prêt à y plonger.

« Je voudrais profiter de cet instant pour vous révéler un secret ». Mon ton devait être suffisamment grave pour sentir aussitôt tous les regards se tourner vers moi.

« Sachez que j'ai appris il y a quelques jours que j'avais un nouveau père que j'ai totalement ignoré, pendant cinquante ans ». Tandis que **J.** me prenait plus fermement la main, Colas quittait son regard grave pour un large sourire de soulagement.

« Tu le savais, toi Colas ?

— Bien sûr.

— J'étais donc le seul de la famille à ne pas savoir.

— Oui » fit Colas en haussant les épaules d'évidence. Il était soulagé et heureux. Ce secret de famille à l'égard de son cousin avait pesé lourdement sur sa conscience, toute sa vie. Il n'avait pas eu ni le courage de me le révéler ni la lâcheté de trahir les autres membres de la famille.

J'ai senti poindre dans ses paroles comme un sentiment de culpabilité que je voulais dissiper au plus vite. Certes il n'avait pas dénoncé le complot familial, mais j'ai de suite compris qu'il ne le pouvait pas, l'interdit venait de plus haut, et à travers tous nos aînés, de sa Tati Madeleine, ma mère, sans le moindre recours possible. J'étais tenté de lui dire qu'il y avait prescription, que les faits remontaient à trop loin (50 ans) au point que tous avaient oublié et que le mensonge avec le temps était devenu la vérité. Cette fausse vérité était plus que vraisemblable, attestée par mon état civil et son livret de famille : Loïc Stock né de Jean Pierre Stock et de Madeleine Stock née Laguerre. Un mensonge imparable, mais au combien inutile et jusque-là incompréhensible. La vraie vérité était-elle à ce point inavouable ?

Il se faisait tard ? nous étions comme ivres de trop de révélations et envahis de questionnements. Le Calvados aidant, nous n'étions plus en état de distinguer, le vrai du faux, les mensonges obscurs des aveux lumineux, les révélations blessantes des mensonges apaisants. Les regards tournés vers moi étaient passés de la surprise du début, au vif intérêt jusqu'à se troubler de larmes d'émotion. **J.** me serrait fort la main. J'ai senti poindre un air de compassion dont je ne voulais pas. J'étais ému, mais pas malheureux, et de dire à Colas :

« Tu te doutes bien que ce nouveau père me convient autant que le précédent, j'ignore tout des raisons de ce mensonge de maman, je respecterai son silence jusqu'à sa mort. Ta sœur ou ta mère me racontera alors l'histoire de ma naissance ».

Nous sommes montés nous coucher dans la chambre qu'ils nous avaient préparée : une mansarde, tapissée aux murs de jolis nus dessinés par Colas avant qu'il devienne un petit architecte besogneux de province. J'avais hâte de dissiper le trouble que toutes ces révélations mystérieuses auraient pu semer dans l'esprit de **J.** Ne pas passer pour un personnage énigmatique aux (beaux) yeux de celle qui entrait dans ma vie. Je lui ai raconté tout ce que je savais sur mes origines, du grand père Stock à ma mère, en passant par mon père Stock, mon frère et l'oncle Paul. J'ai soulevé pour elle, un voile qui aurait pu faire de l'ombre. Des mystères subsistaient, mais maintenant nous les partagions, cela me changeait des non-dits d'avant. Le secret de famille était ce soir-là, devenu notre secret, après ma confidence.

Nous nous sommes couchés sous les fusains suggestifs, nus comme eux, quelle femme !

Je ne voulais pas non plus que mon fiston soit trop meurtri par la séparation de ses parents. On en était bien là. Je ne voulais pas non plus rééditer, à mon tour, des mensonges de famille. Jouer cartes sur table enfin. Ma mère, elle, avait gommé ses séparations de nos vies. Elle avait réussi à me faire oublier que j'avais eu un père avec lequel j'aurais pu vivre aussi. Elle avait tiré le rideau au changement d'acte. Moi tout au contraire ne voulait surtout pas priver mon fils de sa mère. **D** avait toujours été une bonne mère et le restera. Je lui reprochais seulement aujourd'hui d'être une mauvaise épouse. Notre fils n'avait pas à souffrir de ces préoccupations d'adultes (il avait toute la vie pour ça).

Sa mère avait aussitôt acheté un duo de téléphones portables pour leur permettre de communiquer à volonté. Il se rendait de temps en temps à Paris chez elle pour le week-end. Il m'avait alors appris que Laurence vivait là-bas avec elle. Il me confirmait de façon péremptoire leur relation homosexuelle, comme s'il voulait couper court à mon incrédulité.

La séparation de ses parents l'avait paradoxalement rapproché d'eux, de chacun d'eux. Nous avions en tête à tête des conversations intimes que nous n'aurions jamais tenues à trois. Sa mère d'ailleurs les avait toujours évitées ; avait-elle à ce point quelque chose à cacher ? De mon côté, toutes ces révélations du moment et tous ces mensonges m'avaient donné goût à la recherche de la vérité, mais une pudeur toute familiale (ma mère) me freinait à dévoiler l'intime. L'intimité par définition échappait au discours, c'était précisément ce qui m'attirait avec les femmes, entre corps, sans paroles. C'est ainsi hélas que naissent les fêlures, par les non-dits.

Je découvrais mon fils adulte, d'homme à homme, à propos des femmes, mais plus encore, au sujet de sa mère. Il m'expliquait tout ce que je ne comprenais pas dans l'attirance de sa mère pour Laurence.

« Dans sa vie le grand regret de maman était de ne pas être artiste. Elle était certes cinéaste, mais son regard était plus technique qu'esthétique, plus sociologique et politique qu'artistique. Elle a tout essayé : cours de guitare, de percussion, le chant, la poterie. Toi papa, tu improvises au piano, tu as un bon coup de crayon et de pinceau et voilà que tu te mets à écrire. Moi je chante en comédie musicale (et sous la douche)… Alors, elle a été fascinée par la faculté créatrice de Laurence, auteur-compositeur, pardon, autrice-compositrice. Avec sa guitare et sa pêche, elle est capable de faire chanter un convoi funèbre sur la route du cimetière, comme de faire naître une larme des yeux les plus secs. Ajoute à cela qu'elle était une séductrice intéressée en mal d'affection vu tes rapports avec sa compagne la pianiste (tiens, il savait) et en mal permanent de reconnaissance. Elles vivent aujourd'hui en état fusionnel où chacune se raccroche à l'autre. »

Son constat était clair et lucide. Je comprenais enfin, et j'aurais tant aimé m'en entretenir avec elle. Qu'elle admette ses fautes et me dévoile les miennes. Mais je savais qu'elle ne parlerait pas ni du passé ni de ses projets avec ou sans Laurence. Elle savait que nous n'aimions pas Laurence, moi comme Sylvain. Elle avait commencé par nier puis par cacher sa relation avec Lolo, c'est ainsi que Sylvain avait fini par l'appeler. Cela aurait été plus sain qu'elles vivent leur amour, s'il en était, au grand jour. L'homosexualité n'était pas en cause, elle n'avait jamais été tabou chez nous, nous en comptions beaucoup parmi nos ami(e)s. Plus simplement, me dévoiler cette liaison, c'était reconnaître son mensonge. Son mutisme me permettait d'imaginer tout et son contraire. Avait-elle simplement refoulé son homosexualité latente à mon contact et sa vie avec moi n'aurait été qu'une parenthèse. Elle n'a jamais aimé Laurence et elle s'est laissé faire par elle comme elle s'était laissé faire par moi à notre rencontre. Par elle de dépit, par moi d'amour. Pourquoi pas ?

L'impartialité de notre fils était une belle preuve de son amour pour ses deux parents. Torts réciproques, amour partagé, respect, nous mettaient à l'abri des déchirures que nous redoutions sans jamais les avoir même envisagées. Lui et moi craignions seulement le prédateur Lolo, le coucou qui profite du nid des autres.

Cette nouvelle révélation ne m'ébranlait pas plus que les autres. Elle m'apportait une explication cinglante aux désaffections de **D.** pour l'acte sexuel, du moins avec un homme (j'étais rassuré). La ménopause n'expliquait pas tout. **D.** m'avait menti dès le début sur sa relation avec Laurence. Un soir, où tout commençait à dérailler entre nous, elle avait osé me dire que sa hantise était que Laurence vienne s'installer à Paris chez elle, comme pour éloigner mes soupçons, et je l'avais crue. Laurence était à mes yeux un être néfaste. Enjôleuse et perfide, elle avait, jusqu'à présent, toujours vécu fusionnelle aux crochets d'une autre. Elle pouvait alors jouer un rôle répulsif pour les proches de son hôte et s'assurer ainsi l'exclusivité. **D.** serait sa nouvelle victime, aveuglée par un certain talent. Je craignais pour elle, j'ai crié Alerte ! auprès d'elle, de ses amis et de sa mère ma belle-mère et de mon fils. Les uns m'ont répondu laconiques qu'elle la quitterait quand elle n'aurait plus besoin d'elle, comme elle faisait avec tous ses amis. D'autres, qui connaissaient l'oiseau, avaient vu le coup venir depuis longtemps, que j'étais aveugle. Mon fils, se voulant rassurant alors que je lui faisais part de mon émotion de voir sa mère aimer (à ma place) quelqu'un d'aussi laid, il m'avait répondu « Non-papa, avec Laurence Maman fait du social ». J'avais du mal à le croire. Je craignais pour lui que le coucou Laurence ne l'évince du nid parisien de sa mère, là où l'oiseau faisait sa place.

Le discours écologique de nos jours nous a appris à considérer les nuisibles comme utiles dans la chaîne du vivant. Eh bien soit : Laurence avait comblé le vide que j'avais fait dans la vie de **D.** Elle était sans doute le maillon manquant de cette chaîne qui allait les lier ensemble pendant plus de vingt ans jusqu'à la mort de Laurence. On s'était tous bien trompé. Il paraît qu'aujourd'hui **D.** se remet à vivre… Elle accepte aussi de me revoir, chez notre fils.

J'ai toujours cru en son amour, comme quand on croit parce qu'on ne sait pas. On imagine, on rêve, on s'y raccroche, puis par manque de preuve, on se lasse, on oublie de croire. Est-ce que quelque chose de son enfance pouvait m'éclairer ? Elle avait eu une enfance très heureuse, peut-être même trop heureuse. Fille unique d'un couple modèle sans histoire. Petit pavillon de banlieue propret, Papa, ouvrier modèle lui aussi, avait gravi les échelons d'une société prospère de l'aéronautique. Maman n'avait jamais eu à travailler et elle s'en vantait auprès de nous qui prônions la valeur travail. De cette vie-là **D.** ne voulait pas. Elle avait eu à cœur de gagner rapidement sa vie et son indépendance. Elle m'avait accepté puis choisi pour cela. Autre milieu, barbu réfractaire, sorti de sa campagne qui connaissait Argenteuil non pour ses cités, mais pour ses asperges et même Montmorency pour ses cerises. Fantaisiste, mais solide et suffisamment rassurant pour échapper à un quotidien trop banal. Peut-être était-elle, tout simplement, en ce moment à la recherche d'une aventure nouvelle qui bousculerait un peu plus les conventions. Que ce soit son choix ou pas, prête ou pas prête, elle saurait l'assurer. Elle avait un réel goût des défis.

J'avais hâte d'oublier tous ces questionnements, tous ces doutes. Depuis notre week-end chez Colas dans la manche, où je lui avais dévoilé mes récentes blessures, **J.** se montrait particulièrement attentionnée. Elle avait réussi à me présenter discrètement à ses enfants, nous pouvions passer plus de temps ensemble et nous découvrions beaucoup de points communs qu'elle soupçonnait sans doute, mais que je n'avais pas imaginés.

En matière de musique une divergence de taille allait nous opposer encore longtemps. Dans ces années 60, elle était très Rolling Stones et moi plutôt Beatles, elle Sylvie Vartan et moi Françoise Hardy et quarante ans après elle était toujours amoureuse de Mick et moi de Françoise. Cela n'a pas porté atteinte à nos amours d'aujourd'hui. On s'aimait avec aisance en dépit de cette cinquantaine menaçante, laquelle se révélait être un véritable atout. Libérés des inhibitions de la jeunesse avec ses maladresses, ses hésitations et ses urgences, on atteignait une plénitude nouvelle et débridée, sans gêne ni retenue sans le souci du lendemain, avec une aisance inattendue, à nous faire oublier nos passés amoureux (au moins pour moi). On se disait des « je t'aime » plusieurs fois par jour, qu'on se voit ou qu'on se téléphone (portable et SMS n'existaient pas encore). Je pouvais lui téléphoner le soir à Rouen alors que nous avions déjeuné ensemble rien que pour entendre le son de sa voix et ses rires enfantins. Des « je t'aime » en une journée, on s'en disait plus que **D.** et moi en 30 ans. **D.** aurait trouvé louche que je cherche à la joindre à Paris pour lui dire « je t'aime ».

L'automne ensuite avait été un régal, le jardin, devenu notre jardin, en pleine maturité (lui aussi), récompensait nos efforts du printemps. Le premier sur place courait au potager récolter radis, salades, tomates, courgettes, aubergines, poivrons pour préparer le repas. Tout avait un goût exquis, rehaussé des fines herbes de **J.** qu'elle soignait dans son coin à elle (pas touche !). On mettait pommes et poires en claies dans le cellier et avec le regain abondant des framboisiers je préparais les flacons de liqueur pour les soirées d'hiver que l'on passerait au coin du feu, c'est sûr !

Nous avions le même attachement à la nature, avec des moyens différents. Elle plutôt roseau et moi chêne du genre Quercus Palustris, mais nos racines plongeaient dans le même terreau. Elle s'avérait beaucoup plus rustique que pouvait laisser paraître son physique frêle de plante de serre. Son expérience de bergère dans le Cantal avait laissé des traces. Elle semblait infatigable dans le jardin.

Nous passions en revue ce qui pouvait nous rapprocher encore davantage, à commencer par nos souvenirs d'enfance les plus lointains. Elle à Trouville, moi à Riva Bella : les châteaux et les barrages de sable à marée basse, la pêche à la crevette, les parties de billes et de cerf-volant sur le sable sec, le Club Mickey, les premières leçons de natation avec les bouées canard, l'apprentissage de la voile, les surboums dans les sous-sols du casino et les premiers flirts dans les blockhaus de l'après-guerre.

On revivait tous ces moments en promenant son gros chien sur les planches de Trouville et la jetée du port d'où on rêvait, à suivre les voiliers partir en mer, au jour où nous pourrions en partager un. C'était lors du week-end où je fis mon entrée dans la somptueuse villa familiale. Je découvrais qu'elle était née d'une famille riche du seizième (on était ici, selon les dires des Normands, à leur tour envahis, dans le vingt et unième arrondissement de Paris, la marée du marais). Aussi enfants, nous aurions pu nous rencontrer aux concerts des Musigrains du Théâtre des Champs-Élysées où ma mère et sa mère nous conduisaient à deux pas de chez elle (son père émigré sudète autodidacte avait fait fortune comme courtier à la bourse).

On se voyait de plus en plus, je passais des nuits à Rouen et elle passait ses week-ends à la campagne chez moi à se défouler au jardin, au fourneau et dans notre nouveau lit. En été on a pu passer une semaine sur le voilier de ses amis. La vie au quotidien même sur un bateau n'a pas altéré notre plaisir.

Puis nous avons réussi à réunir nos enfants ; mon fils et les siens pour un séjour de ski à Noël, tous ensemble à la montagne, le rêve. Un faire-valoir pour les deux skieurs Stock à ne pas manquer, mais aussi l'amorce d'une vie commune à envisager. Nous avons juste eu quelques difficultés à admettre les attitudes d'enfants gâtés de ses enfants (leur mère avait peut-être quelques absences à se faire pardonner et faisait son Mea Culpa).

De cette station de montagne, je téléphonais à ma mère pour prendre et donner des nouvelles. Elle avait régulièrement un petit coup de mou quand je m'absentais. Cette fois, elle n'avait pas manifesté l'enthousiasme habituel à entendre de nos nouvelles. Elle reconnaissait être lasse et d'une voix caverneuse avait écourté la conversation tellement elle était faible. J'ai aussitôt joint ma cousine, sa nièce préférée qui me confirma que sa Taty était au plus mal, elle avait la conviction que celle-ci attendait assurément mon retour pour mourir.

Je n'avais pas voulu voir l'aggravation de l'état de santé toujours menaçant de ma mère avant mon départ pour un séjour auquel je tenais beaucoup et que j'avais eu tant de mal à échafauder au point de ne pas vouloir le différer.

Ma mère avait alors 95 ans. La plupart de ses amis, qu'elle avait déjà écrémés, étaient naturellement morts. Les visites qu'elle recevait étaient limitées à deux trois intimes. J'étais le seul cordon qui la rattachait à la vie au présent. Mes plaisirs, mes ennuis, mes amours, son petit-fils de 1,80 m étaient ses seuls rapports au monde depuis qu'elle ne sortait plus. Elle regardait peu la télé, lisait toujours beaucoup sans rapport avec l'actualité. Mes visites agissaient comme des coups de soufflet sur ses braises de vie, toujours incandescentes dans sa tête et ses entrailles. Dès que je m'absentais plus longuement, les braises s'éteignaient et à mon retour il fallait souffler sur les cendres les plus légères faites de contrariétés futiles, mais les plus pesantes, l'usure irréversible de la vieillesse persévérait. Seule ma cousine « sa nièce préférée » savait raviver les braises et encore. Dans son dernier coup de fil, elle reconnaissait son impuissance. À moi de faire.

Sur la route du retour à travers la France, en ce 26 décembre 1999, je découvrais les désastres de l'ouragan dans les forêts, sur tous ces arbres dont j'avais fait mon métier. J'étais déjà tout retourné avant même de pénétrer dans la chambre de ma mère.

Elle semblait endormie alors qu'il faisait jour. Quand je lui adressai doucement la parole, elle ouvrit lentement les yeux. Je ne reconnus pas le regard de maman. Elle était ailleurs, hébétée, sans même un sourire pour moi, son fils chéri. En cette période de fête et l'absence de son médecin traitant et des aides habituelles, elle s'était laissé aller à la mort, sans manger ni boire.

Nous l'avons fait hospitaliser, me souvenant des miracles que la médecine avait réalisés quinze ans plus tôt. Quand je lui ai rendu visite le lendemain à l'hôpital, elle était sous des flacons suspendus à des potences, transpercée de perfusions aux membres et des tubes d'oxygène sortant des narines. Son corps tout entier était ébranlé à chaque inspiration aux bruits terrifiants. Elle a essayé de me parler, mais n'y est pas parvenue. Peut-être était-ce pour me dire quelque chose d'important qu'elle n'avait jamais su me dire ?

Le lendemain, elle était dans la même posture, mais surexcitée et au regard vif cette fois. Elle respirait mieux et parlait avec véhémence sans que je parvienne à la comprendre. Je la libérai des menottes de cuir qui la clouaient des quatre membres au lit et lui remis son appareil dentaire. Elle d'habitude si pudique ne fit preuve d'aucune retenue. Elle manifesta aussi tôt l'intention de quitter cet endroit où on la maltraitait à ce point. Je ne parvins que difficilement à la calmer.

Les jours suivants elle racontait des histoires insensées, d'accident de voiture, de visites et de personnages rocambolesques. Elle perdait la tête, et cela je ne pouvais pas l'admettre. Je m'étais, à la rigueur, fait à l'idée que son corps la trahisse au point de perdre la vie, mais pas la raison.

Le soir du 31 décembre 1999, alors que je devais travailler dur à vendre des fleurs pour le réveillon, j'ai réussi à passer la voir. Elle semblait apaisée, incapable de me parler, face à l'enjeu. Je lui ai enfin pris la main en lui disant : « c'est l'an 2000 maman » qu'elle convoitait depuis près d'un siècle.

Ma mère a été transférée vers une maison de repos un peu plus loin dans un endroit paisible dans une campagne que j'aimais bien, pleine de souvenirs. Quand je n'avais pas le regard trop brouillé par les larmes, j'y reconnaissais des arbres, déjà âgés de plus de 30 ans, que j'avais plantés çà et là quand j'étais jeune. Je me sentais vieux.

L'endroit, une clinique posée sur une belle pelouse bien verte au milieu de grands arbres, inspirait le repos et la quiétude que ma mère méritait enfin. Bien sûr elle trouvait à redire sur la nourriture, la température et le personnel… Elle avait encore du mal à admettre qu'on la prive de son « chez moi » et de son autonomie. Le personnel avait osé lui mettre un fauteuil roulant au pied de son lit en la priant de retrouver son autonomie pour se rendre au réfectoire. J'ai vu à travers son regard un instant de panique : on ne lui avait pas ôté son autonomie, mais elle était en train de la perdre. Elle n'avait jamais, de sa longue vie, mangé dans un réfectoire et avait organisé sa vieillesse pour ménager son indépendance, loin des concentrations de vieux qui la hantaient. En la conduisant au réfectoire sur son fauteuil roulant où elle s'était installée sans histoire, je réalisais stupéfait qu'elle était parmi les plus diminuées de la salle, incapable de manger seule. Je lui ai fait manger sa soupe à la cuillère en me demandant si elle était contente ou au contraire elle se sentait humiliée. Quand elle m'eut paru rassurée et ne supportant moi-même plus la scène, je suis sorti en la laissant aux soins des aides-soignantes.

Sur le chemin du retour, mes larmes ou la pluie brouillaient le pare-brise. L'autoradio jouait du Bruckner, c'est dire. J'avais laissé ma mère au loin derrière, en perdition, à la dérive et j'étais impuissant comme quand sur le bateau la barre ne répond plus, poussé par un courant qu'on aimerait retenir. Mais là aucun espoir de renverse, le courant ne s'inverserait jamais, le dénouement était inéluctable. Ma mère allait mourir.

J'ai pleuré encore davantage quand mon cousin Colas m'a appelé pour prendre des nouvelles de sa Taty. Après quoi **J.** m'a expliqué que son cerveau, par manque d'irrigation, était endommagé et que son état euphorique était dû aux effets des médicaments.

À la maison **J.** avait depuis longtemps invité des amis pour faire les présentations et la fête, le réveillon du jour de l'an. J'ai tenu jusqu'à 5 heures du matin. Jamais une fête ne m'avait fait autant de bien, comme une douche où coulait du réconfort jusque dans les os, avant de retourner au travail (même un 1er janvier).

Je suis venu voir ma mère régulièrement les jours suivants. Elle avait pris conscience de la situation, reconnaissait qu'elle ne serait plus capable de retourner vivre dans son appartement où elle était si bien et qu'il serait sage d'envisager d'autres solutions du genre maison de retraite. Elle avait toute sa vie refusé de vieillir, elle masquait ses problèmes de santé par pudeur, elle les taisait, contrairement à ses congénères (les Tamaloux) qui en faisaient leur conversation favorite.

Elle craignait de dévoiler sa déchéance aux autres, mais elle était là sur le point d'abdiquer, pas au point de partager sa fin avec quiconque, pas même avec moi.

Nous n'en étions pas là, bien au contraire. Quand j'arrivais dans l'après-midi, elle s'installait dans le fauteuil roulant et nous allions nous installer devant un guéridon parmi les plantes vertes du hall d'accueil. J'étais tellement heureux de la choyer un peu. Nous parlions presque normalement comme avant. Son élocution était plus lente, elle semblait devoir faire de l'ordre dans ses idées avant de les exprimer. Nous ne parlions pas du passé ni de l'avenir, mais présent. L'avenir n'était pas rassurant et très incertain, autant l'éluder. Le passé était derrière, à quoi bon y revenir. Et pourtant, n'était-ce pas le moment ?

Je pense que si à cet instant j'avais demandé à ma mère de m'expliquer pourquoi elle m'avait caché toute sa vie la vérité sur mon père, elle serait tombée raide morte dans son fauteuil. Et si cela n'avait pas été le cas, elle aurait simulé une amnésie, totalement compréhensible vu son état de santé. À moins qu'elle ne se souvienne vraiment plus de ce mensonge qu'elle avait passé une vie (surtout la mienne) à faire admettre et que personne n'avait remis en cause. Le mensonge était devenu la vérité aux yeux de tous. J'étais le petit fils Stock.

Je connaissais alors la vraie vérité, je dus m'en satisfaire, mais j'aurais tant aimé comprendre le pourquoi du mensonge de ma mère. En lui avouant que je savais, l'aurais-je alors accablée ou soulagée ? Dans le doute je me suis abstenu.

Le présent donc posait moins de questions. Je lui décrivais par la fenêtre les dégâts dans le parc qui nous entourait. Aucun cèdre n'avait résisté, là comme ailleurs, tous déracinés, parce que trop voilés, chavirés. Dans notre forêt domaniale, les pins sylvestres, trente mètres de haut, les mêmes que ceux prélevés il y a quelques années pour le patio de la Très Grande Bibliothèque de Mitterrand, avec leur plumet d'aiguilles en tête, s'étaient cassés en deux. Et l'hécatombe dans les jardins de mes clients préférés, comme Monsieur Cordonnier…

J'étais tout juste rentré de la montagne qu'il me téléphonait. Je craignais son appel, je connaissais son attachement à son jardin, un joli petit parc entouré de murs, qu'il avait dessiné et planté il y a une cinquantaine d'années. Oui, Joseph Cordonnier avait alors près de 90 ans. Avec son épouse ils avaient donné des noms aux végétaux, plutôt des surnoms : « Conchita » pour le sapin bleu à froufrou, « Elle vous dit » pour le Chamaecyparis Elwoodi, « Money » pour les feuilles de Nymphéas du bassin, etc.... C'est dire leur attachement aux arbres. Quand j'ai franchi le lourd portail de la propriété, le spectacle était monstrueux : tous les grands sujets étaient tombés pêle-mêle sur la pelouse, enchevêtrés comme un immense Mikado. J'étais bouleversé au point de pas oser entrer dans la maison ne sachant pas comment aborder le vieil homme. Mon désarroi était tel qu'il est venu au-devant de moi avec sa canne-siège, m'a pris le bras sans paroles pour faire le bilan. Dans ces moments de véritable intimité (entre jardiniers), il m'appelait Loïc en continuant à me vouvoyer bien sûr. C'était un véritable privilège que m'accordait ce grand bonhomme si savant et si simple (un ponte des télécommunications, je crois). « Remettez-vous mon ami, faites-moi un devis, bûcheronnage, dessouchage, plantation et réfection ». Quand je lui apportai le devis au montant conséquent que j'avais pourtant minoré, il m'a dit avec un sourire malicieux : « Vous n'y êtes pas mon ami, revoyez notre devis avec des sujets trois fois plus grands, vous savez Loïc, j'ai l'intention d'en profiter encore longtemps ». J'ai obtempéré et de son côté il a aussi tenu promesse ; il a chéri ces nouvelles plantations pendant une vingtaine d'années et nous a quittés brutalement à 107 ans.

Pour vivre vieux, plantons des arbres. J'ai personnellement pris une bonne option.

À ma mère j'ai raconté aussi les dégâts dans l'usine de cellulose pour laquelle elle était venue vivre ici avec l'oncle Paul. Au lendemain du coup de vent, on pouvait voir de loin que l'immense passerelle chargée d'alimenter en bois le cœur de l'usine s'était effondrée sur toute sa longueur, stoppant la production pour plusieurs mois. L'ami ingénieur qui avait construit ledit transbordeur m'a expliqué avec une logique implacable qu'il avait fait tous les calculs de résistance des matériaux pour affronter un vent de 220 km/h ; le vent a atteint 230 km/h, c'est pourquoi l'édifice s'est écroulé. « Mes calculs étaient bons ! »

Je lui ai raconté notre séjour à la montagne et notamment le soir de Noël que nous avons passé chez ses petits-enfants du côté de mon frère, mes neveux. Ils habitaient un chalet construit en surplomb d'un précipice, la terrasse, très spectaculaire, était au-dessus du vide et les gouttières se vidaient dans l'air. Le soir de l'ouragan, tout le chalet était pris de tremblements terrifiants, et j'ai alors observé une scène inoubliable. Il pleuvait fort, le vent violent s'engouffrait dans les gargouilles basses des gouttières de sorte que l'eau de pluie, au lieu de couler, remontait en véritable geyser spectaculaire jusque sur le toit.

Je jure que l'eau remontait dans les tuyaux le soir du réveillon, avant même d'en avoir trop bu… du Génépi.

Ma mère m'écoutait avec indifférence, elle était comme débordée, accablée par l'urgence, inquiète pour les autres et peut être pour elle-même. Puisse-t-elle, dans la mort, mettre fin à son infinie abnégation et nous soulager de ses excès d'amour, vivre enfin ou plutôt mourir simplement, comme tout le monde, naturellement. Sa vie n'avait jamais été simple, à la fois ambitieuse et modeste, généreuse et mesquine. Sa mort mettrait fin à tout cela, juste un dernier souffle en silence, sans même un point d'orgue final.

Quand la clinique m'a téléphoné pour me prévenir qu'elle était mourante, puis qu'elle était morte, je ne me suis pas déplacé. Je n'avais pas envie de voir ma mère morte, je l'aimais trop vivante pour gâcher son souvenir. J'ai un curieux rapport à la mort, aucun respect, plutôt du mépris même, pour cette vacherie qui nous prive de ce (et ceux) que l'on a de plus cher, la vie. Je n'ai jamais compris l'expression « faire son deuil », c'est ajouter du malheur au malheur, évacuer quelque chose que l'on veut garder ? Pour noyer mon chagrin, la bière, plutôt que la mise en bière.

La mort, quand elle n'est pas accidentelle, est tout ce qu'il y a de plus naturelle. Sa banalisation et sa démystification que l'on doit aux pratiques laïques, nous dispensent de l'emphase pesante des cérémonies religieuses à nous faire croire à une nouvelle vie plus radieuse après celle-là. La mort est normale et ma mère pour la première fois de sa vie rentrait dans la norme. Elle était mortelle comme tout le monde et mourait de vieillesse dans son lit.

Une fois je l'avais négligemment entendu dire qu'elle voulait faire don de son corps à la science et l'avait même inscrit sur un bout de papier dans son secrétaire. Quand j'ai évoqué le sujet avec mon médecin préférée (**J.**), elle m'a appris que les pratiques des carabins avaient évolué et que son vieux corps ne présentait plus d'intérêt pour la science. J'étais soulagé en quelque sorte qu'elle ne soit pas disséquée en petits morceaux. J'allais donc lui désobéir, j'étais un grand maintenant, sans rien dire à personne. Je n'avais aucun scrupule pour la science ni pour elle. Après tout, je ne lui avais rien promis. Je souhaitais lui faire un bel enterrement, à ma manière et plus gai que son souhait qui me rappelait trop son incorrigible abnégation.

Son enterrement était le premier que j'avais à organiser de mon existence. Tous mes proches parents, jusqu'à présent, étaient morts sans moi. Je suis parvenu à réunir tout ce qu'il me restait de famille. Je les ai tous reçus à la maison pour déjeuner ensemble avant l'enterrement grâce à la complaisance de **J.** que j'étais heureux de leur présenter. Ils avaient tous fait le déplacement, y compris les ex de mes cousines, pour rendre un dernier hommage à leur Taty. Un moment très chaleureux, autour d'un bon repas.

Nous sommes arrivés en retard au cimetière où le corbillard nous attendait à côté du trou. Je me suis précipité pour éloigner de cet emplacement macabre, la sellette posée là par les croque-morts. Le cimetière nouveau était très agréable, rare pour un cimetière, une pelouse champêtre entourée de plantations que j'avais d'ailleurs réalisées à sa création, autant en profiter, je voulais empêcher le maître de cérémonie des pompes funèbres d'intervenir tant il paraissait ridicule avec sa tenue noire de pingouin, dans un endroit aussi bucolique. De quoi assombrir tous ces regards amicaux tournés vers moi et la famille.

Il y avait là tous les amis prévenus par un faire-part publié dans la presse. J'y ai reconnu des habitants des Damps que ma mère avait secourus il y a longtemps, mes amis d'enfance et d'aujourd'hui, ses amis survivants et une délégation de l'Association des Vieux Travailleurs de Poses arborant une plaque mortuaire qui n'aurait pas manqué de faire frémir la défunte si elle avait été en vie, la pauvre.

J'ai remercié tout le monde pour leur présence réconfortante et leurs marques de sympathie (en regardant la plaque des anciens), puis j'ai donné la parole à ma cousine Françoise, « sa nièce préférée » qui comme convenu a retracé la vie tumultueuse de Madeleine Stock que la plupart ne soupçonnaient pas. Nous étions tous au bord des larmes quand elle m'a passé le pupitre, après une longue accolade.

« À l'image de ce que fut sa vie, de sa volonté constante de se dépasser, de s'élever, je vais essayer, malgré l'émotion, de vous dire un poème extrait des Fleurs du Mal de Charles Baudelaire à sa mémoire et qui vous rappellera mes cabrioles en parapente.

Élévation

Au-dessus des étangs, au-dessus des vallées,
Des montagnes, des bois, des nuages, des mers,
Par-delà le soleil, par de là les éthers,
Par-delà les confins des sphères étoilées

Mon esprit tu te meus avec agilité
Et, comme le bon nageur qui se pâme dans l'onde
Tu sillonnes gaiement l'immensité profonde
Avec une indicible et mâle volupté

Envole-toi bien loin de ces miasmes morbides
Va te purifier dans l'air supérieur,
Et bois, comme une divine liqueur
Le feu clair qui remplit les espaces limpides.

Derrière les ennuis et les vastes chagrins
Qui chargent de leur poids l'existence brumeuse,
Heureux celui qui peut d'une aile vigoureuse
S'élancer vers les champs lumineux et sereins ;
Celui dont les pensées, comme des alouettes,
Vers les cieux le matin prennent un libre essor,
Qui plane sur la vie, et comprend sans effort
Le langage des fleurs et des choses muettes !

Je voulais vous dire enfin qu'après des années de souffrance à cause de sa hernie hiatale, maman a eu une fin de vie pas trop pénible, mais que ce fût un soulagement pour elle comme pour nous tous qui l'aimions.

Je finirai par un dernier calembour – maman me l'aurait pardonné.

Sa vie fut sans concession. Aujourd'hui, nous lui en accordons une, elle est à perpétuité dans ce joli cimetière. »

Le speech de ma cousine avait éclairé l'assistance sur la vie (bien) remplie de ma mère en insistant sur la période passée aux Damps en compagnie de Paul Péronne que beaucoup des présents avaient connu. Elle avait maintenu un flou sur la période 47/50, sans même laisser entrevoir un sous-entendu qui aurait permis aux plus perspicaces de se poser des questions sur la naissance du petit Loïc Stock en avril 47 et la mort de son père en 50 au Venezuela. Elle avait aussi totalement gommé de la vie de la défunte **D.** sa Belle-fille et mère de son petit-fils chéri présent. Elle avait simplement effacé, en bonne nièce préférée, tout ce qui avait contrarié ma mère dans sa vie, mais n'avait pas manqué de mentionner **J.**, qui avait embelli sa fin de vie et promettait des jours heureux à Loïc.

Parmi l'assistance j'ai été heureux de reconnaître **M.**, ma toute première compagne qui était restée très proche de ma mère, qui aurait aimé que je l'épouse. Je ne l'avais pas revue depuis 25 ans. Je lui ai présenté **J.**, à moins que j'eusse présenté **M.** à **J.** peu importe l'ordre des présentations. Elles étaient sur le même modèle (je dirais fines et discrètes) comme me le fit remarquer **J.** qui la trouva douce et gentille. Il faut dire qu'elles n'étaient ni rivales ni ennemies, mais plutôt complices et pleines de compassion en la circonstance. Un moment de réconfort pour moi, à me faire oublier les tensions du passé (entre **D.** et **J.**).

Accompagné de mon fils, nous avons salué et remercié tout le monde tandis qu'à la maison, autour de **J.** transformée en maîtresse des lieux, toute la famille manifestait sa satisfaction de la cérémonie d'enterrement de leur Taty. Nous avions évité le pathos et les émois tristes qu'elle nous aurait reprochés et mis de côté la question religieuse.

Puis nous avons mis en terre Madeleine Stock, grandie par son histoire aux yeux de tous, avec aussi son gros mensonge pour moi.

Quelques-uns des amis les plus anciens me demandèrent des nouvelles de mon frère qui n'était pas présent à l'enterrement de notre mère. J'avais eu du mal à retrouver ses coordonnées en Allemagne où il vivait et je l'avais prévenu un peu tard pour qu'il puisse être présent. Il était fâché avec notre mère et sa venue ne l'aurait pas consolée à titre posthume de tous les désenchantements qu'il lui avait procurés ces dernières années : alcoolisme, divorce, chômage, dettes, vols, abandon de ses enfants. Toute la famille n'avait marqué aucun empressement et personnellement je redoutais tout contact.

Mon propre anticléricalisme était sans doute plus prononcé que celui de la défunte qui avait subi l'influence de l'oncle Paul. Je ne vois dans tous les clergés, de quelque religion que ce soit, qu'une arme de persuasion massive pour permettre à une minorité d'asseoir son pouvoir. De surcroît, je suis totalement hermétique à tout ce qui a un caractère mystique, à tout ce qui échappe à la raison (des passions à la science-fiction en passant par toute forme de croyance).

Dans la semaine aussi, les amis me firent des compliments d'autant plus méritoires que j'avais la réputation de fuir et détester les enterrements. Seul François ; le curé défroqué devenu mon ami, émit le doute que Madeleine trouve la sérénité « aux confins des sphères étoilées ».

Finalement, l'enterrement de ma mère avait été un bon souvenir. C'était une première mise à l'épreuve de notre jeune couple et nous l'avions surmontée avec aisance, faits nos preuves en somme auprès de la famille et des amis les plus sceptiques. L'épreuve nous avait véritablement rapprochés. La disparition de ma mère, mon dernier parent, était mon ultime émancipation, un nouvel échelon franchi sur l'échelle de ma vie et je me sentais rassuré pour franchir les prochains avec **J.** Elle s'était, certes, démarquée de sa famille plus tôt. Elle venait aussi d'enterrer ses parents et partageait la même sérénité pour affronter à deux l'avenir. Il y avait eu le temps des parents et nous abordions le temps d'après les parents. Nous étions pleins d'enthousiasme, avides d'avenir.

Notre vie de couple se normalisait, on ne se cachait plus. On se bonifiait mutuellement, l'un faisait fléchir l'autre, l'autre renonçait à ses positions de principe. Je mettais de l'eau dans mon vin, elle prenait goût à bien manger. Je me douchais plus régulièrement et changeais de slip plus souvent. Abandonnant mes fauteuils en osier, je me prélassais dans le canapé hérité de ses parents qu'elle avait réussi à introduire dans un coin de ma salle (à la risée de mes amis trop contents de m'accuser d'embourgeoisement). Nous avons pris l'avion ensemble (moi j'étais contre et elle avait peur) pour rejoindre des amis sur leur voilier en Grèce. J'ai alors troqué mes bottes et mon ciré pour des sandales, bob et maillot de bain. J'ai même rasé ma barbe à bord pour ne garder que les moustaches jusqu'à aujourd'hui. J'ai mis de l'eau dans mon Ouzo et bu du rosé !

Au retour, après 15 jours de navigation idyllique entre Ithaque et Corfou, ma chérie était prête pour embarquer pour ma Cythère préférée ; Chausey. Elle avait bien sûr entrevu le caractère initiatique de l'aventure et s'y était même livrée avec enthousiasme.

Je ne saurais taire mes hontes de marin accumulées lors de cette traversée. Grève des marins pêcheurs (histoire de taxes sur le gasoil) qui avaient interdit l'accès au port et à la mise à l'eau des embarcations des plaisanciers pêcheurs. Je trouve à la hâte un autre accès aux flots sur une plage environnante avant que la mer ne se retire trop loin.

Laissons voiture et remorque dans un champ et en bateau (Maraudeur 5,5 m)… Au moment de vérifier le réglage des haubans, à plat ventre sur le pont tandis que **J.** était à la barre, je me trompe et nous démâtons sous voiles entières (GV et foc), trop loin de la rive pour entreprendre un retour alors que la mer continuait à descendre. Eh bien, en bons marins, nous avons réussi l'exploit de remâter sur l'eau. **J.** ne m'en a pas trop voulu, car à notre retour, confiante en notre aptitude à naviguer ensemble ; nous décidions d'acheter un voilier un peu plus gros pour continuer à faire du rase-cailloux et pouvoir dormir à bord. Le séjour dans l'archipel avait été d'autant plus merveilleux que nous étions seuls, car aucun bateau n'avait pu sortir du port. **J.** n'avait pas craint les rats et avait manifesté une aptitude toute féminine à pêcher le bouquet, en petit maillot de bain, grand chapeau de paille et panier d'osier. Test initiatique, validé et prometteur d'innombrables récidives. Le retour à terre avait été aussi burlesque que le départ. Il a fallu, en ce dimanche soir, débloquer le frein à main de la voiture, totalement grippé par l'eau de mer infiltrée lors de la mise à l'eau, 6 jours avant…

Depuis la mort de ma mère, depuis son enterrement où rien n'avait filtré, toute la famille était restée étrangement muette. Tous savaient que je savais, mais aucun ne manifesta l'intention d'aborder le sujet, tabou depuis cinquante ans. J'avais à maintes reprises manifesté mon désir d'en savoir un peu plus sur ma naissance. J'étais bien dans ma tête et dans mon cœur et n'avais aucun besoin de régler des comptes avec qui que ce soit. C'était presque par simple curiosité que je demandais à quelqu'un de lever le voile sur l'intrigue amoureuse et conjugale qu'avait tissée ma mère. Ma cousine, la nièce préférée, avait vendu sa maison de Poses au lendemain de l'enterrement et avait disparu, restait plus que ma tante Mouty, petite sœur de la défunte. La benjamine atteignait les quatre-vingt-sept ans, il était temps de récolter ses souvenirs. Je lui ai donc rendu visite, chez elle où elle nous attendait **J.** et moi devant un service à thé et des petits fours. J'avais associé **J.** à ma démarche dans un souci de transparence au sein du couple, ce qui mit Mouty dans de bonnes dispositions pour effacer cinquante ans de mensonges non consentis.

« Avant toute chose, Mouty, il faut que je te dise que j'ai reçu ses jours-ci, une lettre d'Allemagne de mon frère Stéphane. Il m'écrivait que pour répondre aux injonctions du service de l'émigration (réunification oblige), il dut fournir un acte – et non un extrait d'acte – de naissance. Il a appris à son tour, à cinquante-huit ans, qu'il n'était pas non plus le fils de ses parents ». J'avais apporté une photocopie de l'acte qui mentionnait qu'il était né en Ardèche d'une certaine Lydie Chapuis puis adopté et reconnu par M et Mme J P Stock à St Etienne en 1945. Il me demandait des éclaircissements.

Mouty, effondrée dans son fauteuil, reprenait son souffle.

« Alors, il sait aussi maintenant ?

— Oui, mais il ne sait pas grand-chose, lui non plus.

— C'est complètement fou, les enfants, vous rendez-vous compte ? Ce n'est pas possible… Tout ça d'un coup ! Quel choc ça a dû être pour lui ! Je me suis souvent demandé s'il ne savait pas.

— Moi aussi, c'est la preuve que non. Dis-moi Mouty ce que tu sais, parle-moi du couple de mes parents Jean Pierre Stock.

Elle évoqua le beau couple qu'ils avaient formé après le divorce de J P. d'un premier mariage dont il avait eu un enfant mort prématurément. Mais le couple ne parvenait pas à avoir l'enfant qu'il désirait depuis longtemps. C'est alors qu'ils ont adopté ton frère quand, pour un retour à la terre, ils se sont installés dans une petite ferme du Massif Central. Il a été reconnu et aimé des deux.

— Et moi, alors ?

— Un peu perdue dans son Massif Central, ta mère, mondaine convertie fermière, a noué une liaison amoureuse avec leur voisin et ami Paul Péronne, un gentleman-farmer catholique avec une famille nombreuse et une femme pas très drôle. Cela a été un coup de foudre, ta mère s'est trouvée enfin enceinte et heureuse.

— Qu'est devenu le couple Stock à ce moment ?

— Je ne sais pas exactement. Ta mère ne m'a pas donné d'explication, au point que lorsqu'elle s'est trouvée enceinte, elle ne m'a pas précisé de qui. Elle m'a juste dit que dans le poulailler, quand le coq est mauvais, on change de coq ! Nous étions trop innocents, mon mari et moi, pour qu'elle nous mêle à ses affaires de cœur.

— En tout cas, moi, je n'ai jamais de ma vie eu le moindre doute. Nous étions les enfants de JP Stock, comme l'atteste cette photo où il pose avec mon frère trois ans et moi bébé dans chaque bras. Mais qu'est devenu le couple alors, il a dû exploser, puisqu'on retrouve peu de temps après notre père seul au Venezuela et d'autre part notre mère et nous, avec l'oncle Paul en Allemagne, période lointaine dont il me reste quelques souvenirs.

— Oui, Paul était un type formidable, drôle, intelligent, cultivé (tout moi !) et d'une très grande générosité, comme ta mère. Quand ils avaient de l'argent, ils savaient en faire profiter tout le monde. Il n'avait qu'un seul défaut : celui d'être catho. Heureusement, c'était un pratiquant discret et en bon chrétien il n'a jamais divorcé de sa femme pour épouser Madeleine.

— Alors, ce sont les convenances qui ont empêché ma mère de me dire la vérité ? Pourtant les convenances, elle s'en fichait : elle vivait au grand jour avec ses deux enfants, dans une somptueuse demeure, avec le maire du village qui la présentait comme sa femme. Maman ne s'est jamais beaucoup souciée du regard des autres ; elle a mené sa vie selon son seul vouloir, avec une totale indépendance, qu'elle revendiquait haut et fort et qui lui a rendu bien des revers.

— Je ne sais pas. C'est peut-être Paul qui a souhaité qu'il en soit ainsi ! Tu sais, moi qui ai suivi les cours de Françoise Dolto à la fac, c'est insensé de cacher une telle chose à son enfant : soit il le sent, soit il l'apprend un jour et alors c'est un drame.

— Ce n'est pas un drame pour moi, en tout cas plus à mon âge. J'espère seulement que cela n'en soit pas un pour mon frère, si fragile. Mais reconnais que pour moi, c'est encore plus insensé, car j'ai vécu aux côtés de mon père biologique, il m'a élevé et ni lui ni ma mère ne me l'ont dit. Pourquoi ? »

Peut-être cette mère abusive voyait elle chez Paul un rival dont il fallait m'éloigner. Elle a préféré m'élever dans la vénération d'un père mythique mort en aventurier à l'autre bout du monde. C'est ainsi que j'ai vécu, sans jamais souffrir de l'absence d'un père qu'elle remplaçait au centuple, avec l'abnégation d'une véritable sainte.

La conversation allait continuer ainsi dans la bonne humeur. J'ai tout appris des familles paternelles et maternelles. Mais un point me préoccupait : pourquoi le Venezuela ? Je craignais que JP Stock ait fui en Amérique du Sud après-guerre comme l'avaient fait bon nombre de nazis ou de collabos. Mouty me confirma que ce n'était pas son cas. Ouf !

Sur le guéridon, une bouteille de vin et le saucisson avaient remplacé la théière et les petits fours. Mouty accusait un petit coup de fatigue. Nous étions tous les trois ivres de paroles, étourdis à suivre les méandres de vies si compliquées, repus de révélations et de souvenirs de plus en plus confus. Pour faire diversion ou faire preuve de sa compassion, **J.** évoqua complaisamment ses propres secrets de famille, bien modestes, comparés aux miens !

Sur le chemin du retour vers la Normandie, nous étions silencieux, chacun dans ses songes. Moi, j'avais rêvé d'une vie simple loin des vicissitudes parentales et je me sentais alors rattrapé par un destin (auquel je ne croyais pas), par leur passé tumultueux et découvrais combien mon propre vécu n'était pas aussi simple que dans mes rêves. J'étais devenu qui je suis en toute ignorance des troubles liés à ma naissance et je sentais que ces révélations nouvelles ne changeraient rien à ma personne. Tout au plus elles infléchissaient mon regard sur mes multiples parents, acteurs d'un scénario tout compte fait burlesque autour d'un mensonge futile.

J'aspirais, incrédule, à un avenir sans histoire aux côtés de **J.**

Avant cela, nous voulions ensemble clore ce chapitre, du moins dans nos esprits, car plus personne ne viendrait compléter les chaînons manquants.

Ma gynécologue préférée (**J.**) allait m'expliquer les mystères de la procréation évoqués précédemment. JP Stock et Madeleine ne réussirent pas à avoir ensemble les enfants qu'ils désiraient, bien qu'ils ne soient stériles ni l'un ni l'autre. JP avait eu un premier enfant (Jean Michel dit Chou Chou) avant leur mariage et Madeleine en eut un hors mariage (moi). Les exemples de ce genre cités par **J.** étaient multiples et savoureux allant du mâle ne voulant admettre sa stérilité, à la femme culpabilisante ou castratrice, en passant par la guérison et le succès après que la meilleure amie de la femme ou tout simplement les voisins de palier aient mis au monde un bébé… La vie sur un coup de dé !

Restait aussi la photo énigmatique de JP Stock posant en manteau et chapeau mou avec ses deux enfants dans les bras avant son départ pour le Venezuela. Bien qu'il ne puisse s'agir d'un montage, cette photo passe dès lors pour une supercherie.

Qui avait pu la prendre ?

Et dans quelles circonstances ?

Ignorait-il que le bébé qu'il porte dans les bras n'est pas de lui ?

Ou feignait-il d'y croire ?

Sur le départ, posait-il pour tromper la postérité ?

Était-ce de plein gré ou sous la contrainte de sa femme ?

Elle-même : infidèle ou simplement complice ?

À moins que ce ne soit Paul, l'ami de la famille qui ait pris la photo pour, en bon catholique, laver un honteux péché de chair ?

Ou bien avait-il fait un enfant à la femme de son ami pour lui rendre service et la photo effacerait le subterfuge ?

Quel était vraiment le cocu dans l'histoire ?

JP Stock par ce geste pardonnait-il simplement à sa femme d'avoir réalisé son rêve de porter enfin un enfant dans son ventre, avant qu'il ne soit trop tard, à quarante-deux ans ?

Il faisait une dernière photo de famille avec ce qui lui restait de plus cher avant de s'envoler vers un nouveau monde pour oublier et préparer là-bas une vie nouvelle à sa femme et ses enfants qui viendraient le rejoindre, une fois les tourments apaisés. C'est en tous cas ce que maman nous racontait et peut être que mon père Stock portait il là-bas, sur lui, un exemplaire jauni de la photo et jusque dans sa tombe ?

Nous avons passé ainsi **J.** et moi quelques soirées dans le canapé (celui coupable de mon embourgeoisement), à parcourir mes albums et à lui raconter mon enfance heureuse au bord de l'Eure avec l'oncle Paul et le couple qu'il formait avec ma mère. Dès la première photo, elle fut frappée par notre ressemblance. C'était la première fois qu'on me le disait. Personne n'avait osé me le dire avant, sans doute, de peur de commettre un impair. Moi, le jour où j'ai appris qu'il était mon père génétique j'ai admis que mes mains ressemblaient étrangement aux siennes. Des paluches aux doigts longs et aux ongles carrés striés avec lesquelles je l'observais monter ses hameçons de mouches artificielles, tailler le bois et la pierre et jouer du violoncelle. Je sais faire tout cela aujourd'hui, j'ai seulement troqué le violoncelle pour le piano et j'en joue aussi mal que lui, mais avec le même plaisir.

Une de ces soirées, je ne pus m'empêcher de poser sur la platine ce vieux vinyle qui me restait de l'oncle Paul et que j'avais si souvent écouté sur ses genoux devant le feu de la cheminée : Beethoven, la sonate à kreuzer. Le lendemain, sous prétexte de promener son gros chien, j'ai emmené **J.** sur les bords de l'Eure en face de ma maison d'enfance. Une sorte de pèlerinage en somme pour qu'elle voie et comprenne et pour mon envie de me souvenir. La demeure avait perdu son charme d'antan. Les nouveaux propriétaires avaient arraché la magnifique vigne vierge qui la recouvrait jadis, remplacé les persiennes de chêne par des volets roulant en plastique, supprimé les jardinières de géraniums rouges aux fenêtres et peint le tout d'un blanc désespérément blanc et propre.

En face sur les rives du cours d'eau, avec l'oncle Paul, nous avions repiqué ensemble des boutures de peupliers dans l'intention de dissimuler dans la verdure son usine au-delà. C'est ainsi qu'un magnifique rideau de grands arbres (20 m et plus) avait souligné ce méandre pendant des décennies. Pendant les 50 ans, où je passais régulièrement à leurs pieds, j'étais fier de partager avec eux cette intimité, ils me devaient secrètement la vie, comme je devais la mienne, tout aussi secrètement, à l'oncle Paul. Le dernier arbre, le dernier souvenir vivant de celui que j'aurais dû appeler mon papa, s'était effondré lors de l'ouragan, la nuit où ma mère se mourait.

La souche était là, énorme, soulevée par le vent. J'avais le cœur serré, les larmes aux yeux à revivre tout ce passé.

Nous étions là, elle et moi, sans voix, comme devant une tombe, **J.** m'a serré fort dans ses bras pour effacer ma peine et tourner à deux la page, cette page-là…

Je savais alors d'où je venais. J'étais le fruit de l'amour, fût-il adultérin. Conçu dans une alcôve douillette ou dans une meule de foin, peu importe, j'avais fait « dès l'aube » le plein de sérotonine, c'est bien de là que me vient mon aptitude inaltérable au bonheur.

Je n'ai certes de ma vie jamais prononcé le mot PAPA ! Cela ne m'a jamais manqué… Jusqu'à ce que j'entreprenne d'écrire ces pages. Il aurait été plus simple qu'on me dise qu'il était bien mon papa.

Je ne saurai plus jamais maintenant pourquoi on m'a caché la vérité.

VI
Et puis

J'ai connu avec **J**. ma plus belle histoire d'amour. Histoire d'amour ou Amour, y a-t-il une distinction ? On croit aimer pour toujours, pour la vie, je l'ai sincèrement souhaité (comme à chaque fois). Nous avons vécu ensemble une vingtaine d'années, j'allais dire vingt ans seulement, tant mes espoirs étaient grands.

Dans ses bras j'ai trouvé le plaisir physique qui m'avait tant manqué. Sa sensualité me comblait de bonheur. Je ne suis cependant pas sûr de l'avoir satisfaite autant que je le fus. Pendant toutes ces années, elle a embelli ma vie par sa générosité sans limite.

Elle était rapidement venue vivre chez moi où je me suis lancé dans de grands travaux, pour l'accueillir plus douillettement, tandis qu'elle achetait une maison en Bretagne et un voilier un peu plus grand. J'étais heureux d'être l'instigateur et l'artisan (faute d'être le banquier). Nous partagions les mêmes plaisirs.

Elle a agrandi mon horizon. Alors que mon fils était parti vivre à la Réunion, j'ai retrouvé une nouvelle famille avec ses enfants puis ses petits-enfants et autres parents, ainsi que le groupe de ses amis.

Mon fils, après la séparation de ses parents, avait manifesté le désir de prendre l'air, de vivre sa vie, loin des pesanteurs familiales et finir là-bas sa licence de sport. Il avait été rapidement entraîneur de beach-volley féminin à la Réunion. Pour qui connaît le charme des Réunionnaises, autant dire qu'elles ne favorisent pas vraiment la poursuite sérieuse des études « Il a tout compris à la vie », me disaient mes amis (hommes). J'étais un peu inquiet de ses errements et il finit par me manquer. Après plusieurs années, je me suis décidé à lui rendre enfin visite.

Prétextant une raison familiale sérieuse, j'ai enfreint mon principe de ne jamais prendre l'avion pour aller à l'autre bout du monde faire un quelconque tourisme. Ma conscience était presque tranquille en montant dans l'avion.

Au sujet du tourisme, l'ai-je peut-être déjà dit (c'est un de mes marronniers préférés), je n'en ai pas le goût, j'y suis même hostile. L'idée même de me sentir étranger quelque part m'insupporte. Ceux qui visitent les pauvres avec leur Canon en érection sur le bas ventre, ceux qui les toisent à travers leur tablette à bout de bras, tous ceux-là, nous leurrent et se mentent à croire qu'ils partagent un même monde. Ils manquent, à mes yeux, de la pudeur la plus élémentaire. Où que nous allions dans le monde, nous passerons pour d'odieux nantis (à détrousser plutôt qu'à vénérer).

Quand j'ai, avec des amis en partance pour un tour du monde à la voile, convoyé leur voilier jusqu'au Cap-Vert, à peine avions-nous jeté l'ancre au large des îles que les autres TDM (TourDuMondistes) du mouillage étaient venus nous conseiller de ne jamais laisser notre annexe amarrée au bateau, de jour comme de nuit au risque de nous la faire voler. Quand nous débarquions sur une plage de Mindelo, patrie de Césaria Evora pour nous imprégner de Saudades au bistro, des gamins venaient nous proposer de garder notre modeste prame contre quelques pièces. C'était sans doute encourager les mêmes à venir nous la voler au large dans la nuit.

Joshua Slocum dans son récit de croisière autour du monde, fin XIXe sur son fabuleux Spray, raconte qu'il avait eu la vie sauve grâce à son idée de répandre des clous de tapissier sur son pont la nuit avant d'aller dormir. Il avait été à plusieurs reprises réveillé par les cris de ses assaillants sautant à l'eau, la plante des pieds truffée de pointes.

Je m'égare, dès que je parle mer, je prends vite le large (ce n'est pas l'homme qui prend la mer, c'est la mer qui prend l'homme). Ah oui, la Réunion, et bien justement à 11 000 km de ma Normandie natale (faux ; je suis né à Paris, certainement par accident), je ne m'y suis pas senti étranger. C'est un département français : si les gens sont certes de toutes les couleurs de peau, ils n'en parlent pas moins un Français plus châtié que bien des métropolitains d'ici. Et puis, comble d'intégration, la petite Renault du facteur est jaune comme celle qui me dépose mon courrier chaque matin dans ma boîte à lettres ; les herbes que fume mon fils sentent comme celle d'ici ; et le Rhum Charrette y est aussi mauvais qu'ici et la vanille Bourbon est bonne et chère comme chez nous. Je m'y suis senti, sans complexe, un Métro parmi les Oreilles. Comprenne qui pourra !

Après une quinzaine d'années de vie commune heureuse, **J.** a manifesté une forme de lassitude que je n'ai pas bien comprise. Puis à la naissance de sa première petite fille, elle m'a annoncé qu'elle serait désormais grand-mère avant tout, autrement dit, à mon sens : moins femme qu'avant.

J'ai été à la retraite quelques années avant elle. J'ai vécu la retraite comme une libération, un soulagement, une récompense. Pour la première fois de ma vie, je n'étais plus confronté aux problèmes de fin de mois pour moi comme pour l'entreprise. Plus de soucis avec les mauvais payeurs, le personnel et la banque, une caisse de retraite, un fonds de pension, m'adressait mensuellement un dû bien mérité (un peu trop modeste).

Mon métier de jardinier n'avait plus le charme d'antan. Sur les chantiers on était accablé par les machines et dans mon bureau j'étais poursuivi, depuis quelques années déjà, par l'informatique. Je n'étais pas un nostalgique du papier et de ses grands livres d'écriture comptable, j'avais simplement du mal à me convertir au nom de la rentabilité et du profit. Au fond ce progrès devait me contrarier parce qu'inévitable, inéluctable, hors de tout choix et consentement de ma part. La démarche échappait à mon libre arbitre.

J'étais enfin plus disponible pour faire plus de choses, toutes celles que j'avais inscrites au compte Procrastination, dans le chapitre intitulé : « Je ferai ça quand je serai à la retraite ». J'entrepris des travaux un peu partout avant de me sentir trop vieux. J'ai assemblé des meubles Ikea de cuisine et de salle de bain, clipsé des parquets flottants de part et d'autre du méridien de Greenwich, à l'Est en Normandie, dans ma maison et celle des enfants de **J.**, à l'ouest en Bretagne dans sa nouvelle acquisition. Là, au pays du granite, j'ai même posé des pavés venus de Chine. J'avais à cœur d'être efficace et utile alors qu'elle exerçait toujours son métier de gynécologue. Je pouvais aussi m'offrir le luxe d'être inefficace, de m'autoproclamer Ginkgologue, celui qui fait des conférences sur la sexualité torride du Ginkgo Biloba, le plus vieil arbre sur terre bien qu'il ne connaisse pas la forme graine, stade de résistance par définition.

J'ai pu en bateau faire des croisières plus longues. Avec les copains d'abord, jeunes retraités, on a tiré des bords plus à l'Ouest et plus au Nord, un plaisir sans borne entre marins amoureux de la voile et de la grande bleue.

À mon grand regret, **J.** cessa de naviguer. Elle qui savait tout faire sur son bateau était progressivement devenue peureuse. Il fallait s'écarter de plusieurs miles d'un danger qu'on aurait pu longer sans risque. Elle ne supportait plus le mauvais temps, celui qui mouille et fait gîter le bateau. Elle voulait nous faire pratiquer une navigation au rabais, avec des options timorées, qui sont en fait les plus dangereuses. Un bateau sous voilé, qui bouchonne et perd en cap est non seulement moins efficace, mais très ennuyeux à barrer. Dommage, quand on a un bon bateau qui marche bien (« She works well », disent les Anglais qui parlent des navires au féminin). Je devais tirer un trait douloureux sur mon rêve de croisières lointaines en couple de marins confirmés. J'avais jusque-là une totale confiance en elle en mer, mais sa peur était devenue trop importante pour que l'on poursuive ce rêve, désormais inaccessible.

Au sujet de la peur, je dois confesser que je me sens totalement impuissant face à ceux qui ont peur. Je cherche inlassablement à les raisonner pour leur faire passer ce mal. C'est inutile, paraît-il. Il faut admettre l'anxiété des autres et tous les renoncements qu'ils imposent. Pas facile de comprendre quelque chose qu'on ne connaît pas. Je n'ai jusqu'à aujourd'hui, jamais connu la peur, sans doute parce que je l'ai toujours évitée. J'ai quelquefois peur en voiture avec un chauffeur maladroit ou conduisant dangereusement. Pour me guérir, j'ai participé à des rallyes automobiles en qualité de copilote. Ça soigne ! J'avais totale confiance dans le pilote.

La peur est tout de même un fléau à combattre, quiconque envisage les risques et les dangers avant d'entreprendre, redoute de faire. L'anxiété ternit la vie, comme la buée sur les carreaux gâche la vue. La peur est un obstacle au bonheur. Elle agit comme ce pneu qui frotte sur le cadre du vélo, il n'empêche pas de pédaler, mais rend le parcours plus laborieux et prive du plaisir, alors que l'on en a tant besoin. Impuissant, je ne peux que plaindre ceux qui ont peur. Mais attention, ils sont dangereux pour les autres, car ils transmettent leur peur.

Je n'ai aucun goût pour le risque, du moins je le mesure en permanence. Je privilégierais toujours la raison à l'émotion dans les circonstances où elles pourraient rentrer en conflit. C'est le cas des Passions dont je me suis toujours méfié, depuis la lecture de Phèdre au lycée où la passion amoureuse et son cortège d'aveux de faiblesse mènent à la déchéance et au drame. J'entendais dans les tirades larmoyantes de la pièce, les cris de ma mère dans le parc, la nuit où l'oncle Paul est parti. Corneille, à la même époque, au contraire, à travers Horace me remplissait le cœur d'allégresse et de courage et m'incitait à la raison, même en amour.

Je ne suis pas pour autant de bois. Je suis plutôt une âme sensible, je pleure facilement. Rare chez les hommes, m'ont dit les femmes qui m'ont vu pleurer ! J'aime aussi raisonnablement que possible.

Bref, Plus le temps passait, moins nous faisions de choses ensemble. Elle ne sortait plus, plus de ciné, plus de concert, plus de p'tite bouffe avec les amis, pas de sorties.

« Mais qu'est-ce que l'on fait ensemble ! » me répétait-elle. En effet.

Je l'ai alors menacée de la quitter pour la veuve de mon meilleur ami qui venait de nous quitter et dont j'étais secrètement amoureux depuis longtemps. **J.** a su déployer tous ses moyens pour m'en dissuader et me retenir. J'étais de nouveau heureux, disparues les sécheresses vaginales, effacés tous nos désaccords, l'aspirateur, la vaisselle, le linge sale et les maîtresses. J'ai cru à ses promesses et elle a cru aux miennes.

Je comptais sur le jour où **J.** serait enfin en retraite. Elle l'avait même anticipée, pour la vivre à deux dès maintenant, fût-ce avec des revenus plus modestes. L'éclaircie fut de courte durée. **J.** retomba dans sa morosité passée. En cessant son travail, elle perdait son rôle social, non pas son rang, mais son utilité bienveillante auprès des femmes. Elle ne parvenait pas non plus à prendre du recul face aux difficultés de ses enfants qui ne cessaient de l'accabler, alors qu'ils atteignaient la quarantaine. C'était devenu notre principal sujet de discorde.

Avec ses collèges du cabinet médical, nous lui avions offert un beau vélo pour son départ en retraite, un plaisir que j'espérais partager avec elle. Elle n'est jamais montée dessus.

Moi, j'ai vu dans tous ses renoncements et ses refus de partage, la manifestation du désamour, voire une hostilité revancharde à mon égard. À quoi bon en effet continuer de vivre ensemble si cela ne nous apporte que contrariétés et déceptions ?

J'avais déjà décelé dans ses propos un ressentiment permanent. Elle en voulait, par exemple aux forts, de se montrer forts. Elle aurait pu être de ceux-là, tant elle avait réussi dans ses études notamment (interne des hôpitaux de Paris), mais elle avait très tôt refusé de rentrer dans le cercle des élites, en partant élever des chèvres dans le Cantal et plus tard à partager sa vie avec un jardinier. Sans doute ce dernier était-il trop droit dans ses bottes boueuses, trop sûr pour elle qui doutait de tout (sauf de son diagnostic). Je n'ai compris que plus tard (trop tard) que ce ressentiment était la manifestation d'une dépression.

Son souci de ne pas briller était aussi sa façon de réagir aux injonctions d'un père qui avait réussi par opportunisme et rêvait d'excellence pour ses enfants. C'est à **J.**, la petite dernière non désirée, qu'incombait ce rôle (vu les échecs de ses aînés) qu'elle avait refusé de jouer.

Quand je lui ai proposé de nous séparer, elle s'est trouvée aux pieds du mur qu'elle avait elle-même élevé (« Mais qu'est-ce qu'on fait ensemble ? »). Elle était complètement perdue à l'idée de vivre sans moi, selon ses propres dires. Des paroles que je n'aurais jamais imaginées tant elle avait manifesté d'hostilité à mon égard. (Jusqu'à mettre en cause mes érections, la vache !) Elle a de nouveau déployé son dispositif de charme et de promesses auquel j'ai su résister cette fois. J'étais bouleversé et pleurais en cachette. Tout ce que nous avions bâti et réussi ensemble s'effondrait. Je renonçais à cette femme qui m'avait tant donné parce qu'elle se refusait à moi. J'avais honte de lui faire tant de peine, mais j'étais comme sollicité par le Bonheur qui semblait me réclamer des comptes de l'avoir mis en veille ses dernières années. Je savais qu'il ne m'abandonnerait pas.

Je n'ai connu que des femmes libres et indépendantes. J'ai toujours été un chaud (c'est imagé) partisan de l'égalité Homme Femme et c'est pourquoi j'ai du mal à admettre qu'en matière de libido nous ne soyons pas égaux. Tout me laisse à penser pourtant que les hommes ont une libido plus exacerbée que les femmes. C'est peut-être dame nature qui veut ça. Elle aurait pu aussi penser l'inverse, mais je ne suis pas sûr que j'aurais aimé être dragué par les femmes, un fantasme bien masculin. S'il est vrai qu'un seul coq suffit dans une basse-cour, encore faut-il qu'il ait envie. Dame nature l'en a pourvu.

À notre séparation et même avant, **J.** allait se précipiter chez un Psy tant elle était mal en point. Elle pleurait tout le temps et avait perdu plusieurs kilos alors qu'elle était déjà très mince.

Elle connaissait mon odieuse réticence pour tout ce qui commence par ces trois lettres. Un vieux traumatisme de l'enfance : J'avais dû passer de nombreux tests chez le Psy pour trouver l'origine de ma dyslexie et évaluer mon QI assurément déficient. Ainsi le Psy, après m'avoir raconté une histoire d'oiseau tombé du nid, me demandait de compléter le récit. Je passais, à l'époque, mon temps à observer les oiseaux dans le parc familial, et il ne faisait aucun doute que l'oisillon serait mangé par un chat ou dévoré par un geai ou une pie. Le Psy avait conclu que j'étais un enfant triste aux idées morbides, ce qui avait fait beaucoup rire mes parents et mon maître d'école. D'où cette méfiance atavique.

Je n'aurais peut-être pas quitté **J.** si l'on m'avait averti qu'elle était dépressive, là où je ne voyais que désamour.

Je dois admettre que la Psy de **J.** lui fit beaucoup de bien, au point qu'il me faille réviser mon jugement sur ce genre de thérapie. Elle avait franchement décelé une dépression qui expliquait ses comportements. Je n'étais pas le seul coupable : son enfance, sa famille, son veuvage et surtout la retraite et ses enfants. Notre séparation avait servi de révélateur, ce qui me réconfortait et me disculpait. Son fils à problème était enfin diagnostiqué maniaco-dépressif et soigné comme tel, sa mère osa enfin couper le cordon avec une désinvolture qui me surprit et me ravit. Dommage que ce soit si tard. J'étais progressivement rassuré. Je retrouvais la **J.** d'avant, j'étais aussi rassuré sur son avenir. Quelques mois plus tard, elle partait en vacances sur un voilier avec des amis, elle monta enfin sur son vélo et ne tarda pas à présenter son nouveau compagnon à nos amis de Bretagne où elle s'était définitivement installée dans la propriété que nous avions aménagée ensemble (surtout moi). Tous ces amis de Bretagne ont rompu toute relation avec moi sans que je comprenne pourquoi. J'en ai beaucoup souffert jusqu'à ce que d'autres aujourd'hui tentent de me les faire oublier.

ET PUIS le Bonheur impatient a de nouveau frappé à ma porte…

Elle est belle, les cheveux longs (et blancs cette fois), une silhouette de rêve « la taille faite au tour, les hanches pleines » comme disait Brassens, auquel je l'initie.

La distinction même, toujours élégante. À ses côtés, je ferais plus farmer que gentleman, avant qu'elle ne relooke ma garde-robe, la sienne a vite rempli toutes les armoires normandes de la maison partout elle privilégie le beau au pratique.

Elle peint et sculpte, son goût immodéré pour l'art et la culture me comble, nous comble maintenant que nous avons plus de temps libre.

On écoute les mêmes musiques et lit les mêmes livres (à l'exception du Monde Diplo. non seulement elle l'achète, mais elle le lit, quelquefois même au lit).

Elle est plutôt végétarienne (son papa était boucher), mais mange la couenne de mon jambon.

Elle ne boit jamais de Rosé et me fait la tête quand je suis pompette.

Elle aime le jardin, mais préfère la maison. Elle est un peu maniaque sur les bords (ça, il fallait s'y attendre).

On regarde ensemble le rugby à la télé. Elle n'aime pas le vélo, mais s'éclate derrière mon dos sur notre tandem.

Elle aime la mer même quand elle est froide dedans et découvre la voile dessus.

On a construit une very tiny house que l'on traîne dans la remorque de jardin derrière la voiture pour partir en vacances (j'ai quitté une femme plutôt riche pour une femme plutôt pauvre).

Elle prend bien soin de moi comme je prends soin de son petit sein réparé d'un cancer de jeunesse.

On fait l'amour, l'après-midi de préférence (le café des pauvres) à la pépère, mais pas que.

Elle rit à pleines dents de mes histoires drôles à la condition qu'elles ne soient pas sexistes et graveleuses (comme était son papa).

Pour avoir consacré sa vie (professionnelle) au social, elle m'apprend l'empathie (enfin !)

Elle a plein de grands enfants passionnants et de petits enfants adorables et elle est une gentille marâtre (oxymore) avec les miens.

Nous vieillirons ensemble, mais on a encore le temps.

Elle sait tout de moi maintenant qu'elle a lu. Elle est prévenue que je changeais de compagne tous les vingt ans environ. Elle dit « pour de rire », qu'elle est en CDD.

J'aurai alors plus de quatre-vingt-dix ans… et alors !

VII
Et alors

On passe sa vie à contrarier son destin, à s'y opposer au nom de notre libre arbitre. Et quelle belle illusion quand enfin (de parcours) on se retourne. Ce coup d'œil dans le rétro révèle combien ma vie ressemble à celle de l'Oncle Paul et pas seulement à travers l'Opinel que j'ai aussi dans la poche !

Je ne savais pas grand-chose de lui et jamais je ne l'ai pris pour modèle, ma mère m'en avait vite dissuadé. Et pourtant les faits sont là, et nos parcours si ressemblants. En quête d'une vie toujours plus pleine et heureuse, il a quitté sa famille pour ma mère puis ma mère pour une autre sans doute, tous en semant le bonheur, c'est en tout cas ce que j'ai reçu de lui. Ma mère à ses côtés a connu un bonheur qu'elle n'a sans doute pas su partager et qu'elle n'a jamais retrouvé après son départ.

« En semant le bonheur », ai-je écrit. Voilà que me revient le souvenir de la villa de Riva Bella que nous avons occupée à notre arrivée en Normandie. Je comprends maintenant pourquoi Madeleine et Paul l'avaient baptisée « villa graine au vent ». C'était assurément en référence pour le moins légère au mystère de ma naissance : la graine qui avait germé dans le ventre de ma mère était tombée du ciel, et elle donnerait naissance à un jardinier, ça va de soi. Peut-on imaginer plus belle venue au monde…

Il a tout naturellement fait germer en moi un amour de la nature et plus particulièrement celui des arbres, qui m'a poussé (si j'ose dire) à en faire mon métier. Une véritable vénération, un respect, une admiration des sujets remarquables qui remplissent mes carnets de dessin, loin des propos anthropomorphiques à la mode qui encombrent les ondes et les bibliothèques. Pendant notre vie de famille avec l'Oncle Paul, il se conduisait en mari délicat avec maman et comme un papa attentif avec nous, mon frère et moi. La vie, tous ensemble, était spontanée et naturelle, sans problème. Je ne me posais pas de question, et on ne m'en posait pas non plus. À l'exception toutefois de cette maudite rentrée des classes où chaque nouveau professeur nous demandait de remplir une fiche avec la question : Profession du père ?

J'étais à chaque fois désemparé, au point d'aller demander un jour conseil à ma mère. Elle m'avait alors conseillé, sans équivoque, de répondre « décédé ». On dirait aujourd'hui qu'elle bottait en touche pour ne pas m'en dire davantage. Je trouvais l'idée sinistre et tellement contraire à mon ressenti quotidien, plutôt gai et heureux. Je ne voulais pas passer auprès de mes professeurs préférés (il y en avait tout de même) pour un pauvre petit orphelin de père. Ainsi je répondais « décédé » à ceux qui m'étaient indifférents et « Gérant de société » ou bien « ingénieur des Eaux et Forêts » à ceux dont j'espérais encore un peu de gratitude. Quand l'Oncle Paul est parti, j'ai mis « décédé » à tout le monde, je ne pouvais pas mettre « disparu » ou « envolé ».

Et puis, quelle aurait été ma vie si l'Oncle Paul m'avait reconnu ?

Mais il ne pouvait pas, puisqu'il était toujours marié avec sa première femme et qu'en bon catholique, il n'avait pas divorcé. Ma mère elle-même à ma naissance n'était ni divorcée ni veuve. Tout cela est trop compliqué, imaginons simplement qu'ils m'aient avoué d'un commun accord que j'étais leur enfant et que l'on ait vécu tous ensemble plus longtemps, comme dans les films d'amour. Sincèrement, cette hypothèse, si elle est amusante à évoquer, ne m'intéresse pas, je n'ai pas à me plaindre de la vie heureuse que j'ai connue auprès d'eux, puis auprès de ma mère après la disparition de l'Oncle Paul. Je n'ai pas à avoir de regret.

Je n'ai pas su lui faire de reproches jusque sur son lit de mort. Elle ne les méritait pas. J'aurais seulement dû lui demander pourquoi,

pourquoi ce mensonge inutile ? Sans qu'elle le prenne pour une accusation. La réelle intimité que je partageais alors avec ma mère n'a même pas permis d'entrouvrir le voile tendu par notre pudeur commune. À cinquante ans j'osais enfin lui parler de mes histoires de cœur, comme pour amorcer des confidences réciproques, mais rien ne devait sourdre. Nous ne parvenions pas à dissoudre nos mensonges ou à les confondre tant les miens étaient sans importance comme quand j'étais ostensiblement vague sur mes sorties nocturnes, tant le sien était monstrueux. Elle se serait volontiers montrée complice de mes exactions extra-conjugales qui n'étaient que sous-entendues. Dans sa vie amoureuse n'avait-elle pas enlevé deux hommes mariés à leurs épouses (JP Stock et Paul Péronne étaient mariés quand elle les a rencontrés et plus si affinité) ?

Quand il est parti, l'Oncle Paul, je l'ai très vite oublié sous les injonctions de ma mère. Peut-être m'a-t-il oublié aussi, parce qu'il n'a jamais fait un geste pour me contacter. C'est seulement aujourd'hui que je trouve cela dur à admettre, car à l'époque avec ou sans coq notre mère poule a rassuré ses poussins sous ses ailes.

Sa disparition n'était-elle pas l'occasion pour ma mère d'étouffer la vérité en éliminant ce témoin encombrant et plus encore, l'acteur à l'origine du trouble ? Peut-être que ma mère se serait satisfaite qu'il ne joue qu'un rôle de géniteur et qu'elle puisse poursuivre une vie tranquille avec J P Stock et ses deux enfants, fût-ce au Venezuela.

Parmi les orientations qu'aurait pu prendre ma mère, celle-ci me semble l'option la plus plausible, c'est en quelque sorte celle qu'elle a choisie : nous sommes bien les enfants de J P Stock et nous devions aller le rejoindre là-bas, s'il n'y était pas mort. Cette supposition est des plus désobligeante pour l'Oncle Paul qui par bonheur pour moi ne s'est pas limité à son rôle d'inséminateur. Le moule dont je suis issu est bien le sien et je m'y reconnais. (N'en déplaise à maman, nah !)

Car aujourd'hui plus personne ne pourra m'expliquer. Chacun y va de ses interrogations, ces explications ne sont que présomptions souvent émises en guise de consolations dont je n'ai que faire. Je ne veux connaître la vérité que parce qu'on me l'a cachée.

J'aurais aussi pu aller vivre avec l'Oncle Paul quand il est parti. Il aurait pu aussi me kidnapper, comme dans un film à sensation, moi son fils chéri à qui il aurait enfin tout avoué en me serrant de ses bras, ce qu'il n'osait jamais faire, sous le regard de Madelon.

On n'ose jamais assez !

Pas si sûr que ma maman m'aurait manqué à l'époque, comme elle m'a manqué plus tard, quand je lui suis devenu reconnaissant. Mais l'Oncle Paul n'était certainement pas un papa modèle, même si je m'en suis inspiré pour élever mon fils. C'était mon seul modèle.

Je cherche dans la vie passée de ma mère (à mon tour de jouer le Psy ?) ce qui aurait pu expliquer ses comportements et son mensonge et un éventuel goût du mystère. S'être émancipée très tôt d'un papa trop prégnant lui a forgé une personnalité forte et quelque peu castratrice avec les hommes de sa vie. À leur sujet ses choix étaient décisifs et irrévocables, ils n'ont pas eu droit à la parole le moment venu. Avoir été une grande sœur maternante avec sa petite sœur (Mouty avait dix ans de moins qu'elle) aurait fait d'elle une dominatrice protectrice allant jusqu'à entretenir un secret de famille qui protégerait ses propres enfants en les privant d'aimer ailleurs un ou une autre qu'elle (l'Oncle Paul et quelques autres femmes de mon choix). Abusive, elle ne savait pas partager, elle donnait sans jamais recevoir. Elle n'admettait pas la générosité des autres, et peut être même… leur amour !

Le portrait ainsi brossé de ma mère par ce Psy d'opérette que je suis, donne une image détestable de cette femme, castratrice égoïste et perverse, alors qu'elle n'était qu'amour, générosité jusqu'à l'abnégation et même d'une franchise, coupable de bien des revers. La psychanalyse nous fourvoie (surtout moi) sur de fausses pistes. Ma mère n'avait aucun goût pour le mystère et les secrets. Heureuse et insouciante aux côtés de Paul, elle avait simplement réécrit ainsi notre histoire, mon histoire, parce que c'était plus simple et aussi plausible que la vérité, laquelle elle avait fini par oublier. Elle avait ensuite assuré son choix avec résignation et peut-être en pénitence, tout en déployant une énergie folle pour élever seule ses enfants qu'elle avait tant désirés.

Quand je pense à ma mère aujourd'hui l'image souvenir qui me revient sans cesse, comme un cauchemar, est celle d'une vieille femme suant derrière les fourneaux de son auberge que je regarde, impuissant et coupable à mon tour. Les photos d'elle mannequin sont bien loin dans ma mémoire et sous la poussière des tiroirs. Elle ne me les a jamais montrées, c'est moi qui les ai trouvées. Elle cachait tout ce qui pouvait révéler son âge et surtout les stigmates du vieillissement. Bien plus qu'une féministe, ma mère était une femme libre. En avance sur les femmes de sa génération, elle avait très tôt conquis son indépendance par le travail (vendeuse, mannequin fermière, gérante de société, cuisinière, restauratrice). Elle aimait les hommes, sans jamais être soumise. S'est-elle séparée d'eux ou l'ont-ils quittée, peu importe ; elle assumait et assurait en toute liberté.

Le discours des féministes d'aujourd'hui est faussé : sous prétexte que nous vivons dans un monde dominé par les mâles (personne ne saurait le nier), tous les hommes sont machos ! Je ne me reconnais pas dans le portrait des hommes que font ces autrices, même prix Nobel de littérature. Sans doute mariées trop tôt, pour fuir leur famille, elles n'ont pas pris le temps de mieux choisir leur compagnon (pire, leurs maris). Elles sont tombées très jeunes dans le piège. C'est décevant de la part de femmes si brillantes par ailleurs. Elles se sont rattrapées en suite…

Enfant, on ne voit pas ce que les parents nous apportent ni leurs efforts. On trouve cela normal, évident. Ce n'est que plus tard, quelques fois même très tard, voire trop tard pour certains, que l'on réalise. Je lui suis aujourd'hui reconnaissant de son souci permanent d'attiser notre curiosité et notre éveil à la culture, à nous apprendre aussi les bonnes manières, celles qui nous mettent à l'aise en toute société, y compris celle où je me demande ce que je fais là.

Je pense à elle à chaque fois que j'atteins le Banco au jeu des 1000 euros.

Vouloir échapper à son destin, n'est-ce pas réécrire ce qui est déjà écrit, et quelle est la part de l'inné et de l'acquis en soi ?

Au sujet de mon frère (adopté), il semblerait que les chromosomes aient pris le dessus, car nous avons reçu la même éducation, connu la même enfance heureuse inondée d'un même amour maternel, qu'il a d'ailleurs reproduit avec ses enfants quand ils étaient petits. Et nos destins furent si différents. Cette jeunesse aisée lui est montée à la tête. Il a toute sa vie voulu retrouver cette richesse par tous les moyens y compris les plus malhonnêtes n'y parvenant pas, après quelques larcins, il a sombré dans l'alcoolisme et abandonné femme et enfants qu'il avait pourtant couverts d'un amour très maternel (celui que nous avions connu ensemble). Il est mort à soixante-cinq ans en Allemagne. Personne ne nous a prévenus, ses enfants et moi son frère. Nous l'avons appris bien après par hasard. J'aurais aimé évoquer avec lui tous ces secrets de notre famille à tous les deux quand nous les avons appris, cela lui aurait peut-être fait du bien. Il était sans doute trop tard.

Il n'a connu l'histoire de son adoption qu'à l'âge de soixante ans alors qu'il avait déjà commis déjà tous ses méfaits. J'entends d'ici les disciples de Françoise Dolto disant qu'on ne doit jamais cacher la vérité à un enfant, qu'il finira toujours par la deviner et la connaître, et que pendant tout ce temps il est en proie au doute et au mal-être.

J'ai du mal à partager totalement ce point de vue. Qu'un mensonge familial m'ait privé de mon père ne m'a pas empêché de sombrer dans le bien-être.

Je persiste à penser qu'il n'est pas nécessaire de dévoiler tous les secrets. Le mien m'a donné l'occasion heureuse de noircir du papier plutôt qu'une vie. Je devine dans mon dos ce maudit psy. me répétant que je suis en train d'écrire pour soigner une plaie. Non, j'écris pour témoigner et raconter une histoire vraie où la réalité dépasse l'imaginaire, pour partager mon émoi (ça fait du bien) et mettre dans la confidence ceux qui se retrouvent à partager une intimité, bien au-delà de la saga Stock, et pour dissiper, si cela est encore nécessaire, tout soupçon de traumatisme.

Partager l'intime ?

C'est une question que je me pose souvent. Je reconnais éprouver une réelle attirance vers l'autre, à découvrir ce qui se cache derrière la façade, en quête de vérité. L'idéal étant de se livrer mutuellement dans le partage surtout pas en enquêteur ou en voyeur. On atteint cette intimité avec les êtres les plus chers ; mais pas seulement ! Ne se livrerait-on pas plus facilement à un étranger ? C'est assurément le cas de celui qui dévoile à tout le monde, dans un livre, un secret de famille. Pour ma part j'y trouve du plaisir à partager des émotions et à éveiller des ressentis communs.

Les livres que l'on lit sur l'oreiller, pour peu qu'ils soient autobiographiques, nous offrent parfois le privilège de partager l'intimité de grands hommes (les auteurs). Le livre que l'on écrit est lui le confident auquel on se livre (c'est le même mot) sans trop de scrupule, avec plus d'aisance que dans un confessionnal ou sur un divan. Le rendez-vous journalier avec le manuscrit deviendrait vite une addiction, tant il est complaisant même si l'image qu'il renvoie de soi et des autres est parfois décevante : la rançon de la sincérité.

Mon propos aujourd'hui dans ses pages est aussi libératoire. Je me refusais, par exemple, d'aborder les sujets intimes avec ma mère. Elle aussi, c'est le moins qu'on puisse dire ! Moi c'était pour me protéger d'une mère abusive qui n'aurait pas manqué de s'immiscer dans mes affaires de cœur par des débordements généreux autant que par des pics acerbes. Méfiance !

Je pense que les femmes se livrent plus facilement entre elles. La relation mère fille est particulière, on s'en rend compte au moment des accouchements. La belle-mère passe après. La relation fils mère est plus pudique, mais peut-être plus tendre ?

Je préfère la compagnie des femmes à celle des hommes, le thé de cinq heures autour d'un guéridon, avec des petits fours plutôt que l'apéro interminable au bar avec des chips trop salées. Je compte plus d'amies femmes que de potes mâles.

Les hommes entre eux ne parlent pas d'amour et jamais de sexe, la faute à la « Virilité », sauf quand ils ont trop bu et « vident leur sac ».

Au-delà de l'intimité des pensées née des confidences entre proches, celle des corps qui se découvrent dans l'amour est incontournable. J'y perçois toujours une offrande, un privilège consenti par l'autre et à l'autre qui rapproche les corps et les êtres. Mon attirance pour le corps féminin est insatiable, je me demande à quel âge cela prendra fin, si jamais la vieillesse me privera du plaisir de suivre (discrètement) du regard dans la rue une jolie silhouette, ses jambes, ses hanches, ses seins, la chute de ses épaules, ses cheveux ?

« Ce n'est pas parce que nos femmes nous ont mis au régime qu'on a pas le droit de consulter le menu de temps en temps ». C'est dans ces termes empreints de beaufitude qu'un ami me déculpabilise.

C'était un beau dimanche de juillet à Trouville, jour du marché sur les quais. Les chalands avec leurs cabas avaient du mal à se frayer un chemin parmi les badauds. Nous étions, cet ami et moi plantés au milieu du trottoir à attendre son plus jeune fils parti acheter son Pif Gadget chez le marchand de journaux, quand tout à coup, une apparition.

On l'a remarquée par sa discrétion au milieu de cette foule bigarrée de vacanciers agités. Elle portait une longue robe, de couleur sombre, pas même moulante qui tombait droit des épaules aux chevilles. Le tissu léger prenait des reflets mordorés au niveau des courbes, lesquelles laissaient imaginer des formes exquises que son déhanchement mettait sobrement en mouvement. Elle marchait droit sans un regard pour les autres. Nous l'avons vue arriver de face, puis de profil à notre hauteur et enfin de dos où ses longs cheveux noirs descendaient jusque sur les reins. Nous l'avons suivie des yeux jusqu'à ce qu'elle disparaisse au loin dans la foule. Nous restions tous les deux hébétés au bon milieu du trottoir, quand une mère de famille, aux formes moins discrètes, poussant un landau, commença à nous bousculer pour que nous lui cédions le passage. C'est alors que son mari, tongs, marcel et bermuda, la retint par le bras et nous désignant d'un geste du menton dans notre direction, lui dit d'une voix douce « Chérie, attention… des connaisseurs ! » Ils (et surtout il) devaient la suivre depuis un certain temps et savourer le spectacle, en connaisseur lui aussi, qui consultait en douce le menu d'un quatre étoile au Michelin en oubliant un instant son Relais des Routiers favori.

J'écris bien sûr pour ma famille, ce qu'il reste de Stock, mon fils Sylvain Stock et ses enfants ainsi que mon neveu Frédéric. Il faut reconnaître aujourd'hui qu'avec les familles recomposées les ramures des arbres généalogiques s'entremêlent. Il arrive même que les arbres fassent sève commune, ce qui n'est pas notre cas, car je n'ai eu qu'un seul enfant (donc avec une seule femme pas même devenue Stock faute de mariage). Je n'ai pas recomposé de famille puisque je n'ai pas eu d'autre enfant avec une autre femme. L'idée même de se partager des enfants (deux foyers et garde alternée) était inimaginable pour moi, tant j'avais aimé la vie de famille avec l'Oncle Paul, tant après son départ et l'ouverture de l'auberge de ma mère, j'avais été frustré de ne plus connaître les moments chaleureux de l'intimité familiale. En revanche, je prends aujourd'hui du plaisir en tant que pièce rapportée dans une autre grande famille à jouer le papy bis et retrouver le plaisir de réunions de famille avec des enfants et petits-enfants même s'ils ne sont pas les miens.

Les arbres généalogiques ignorent les secrets de leur famille. On les trace sans se soucier des chancres et des parasites qui pourraient endommager leur ramure. Celui de la famille Stock a vu sur la branche mourante de J. P. pousser, tout naturellement, une jolie fleur appelée Madeleine qu'une « graine au vent » a fécondée (du nom de notre villa à Riva Bella)… À moins qu'il s'agisse, sur cette même branche, d'une greffe opérée par un spécialiste, homme des bois surnommé à tort oncle Paul (avec son Opinel dans la poche). Ce dernier subsiste peut-être sur une branche sous la forme d'une boule de gui, ce porte-bonheur pour les amoureux qui s'embrassent dessous. J'ai dû être de ceux-là, en oubliant que le gui est aussi un parasite.

Ce tableau bucolique de ma venue au monde à la Watteau qui prend la vie à la légère me va comme un gant (de jardinier). L'image de la graine, du greffon, et de la plantule est prémonitoire et colle au jardinier que je suis devenu. J'ai planté tant d'arbres dans ma vie, avec tant de plaisir. Au bout de trente ans de jardinage, il m'est arrivé qu'on me demande d'abattre un arbre que j'avais planté ; c'est aussi dur à admettre que la première fois qu'une femme se lève pour vous donner sa place dans le bus. On prend un sacré coup de vieux. J'ai aussitôt pris ma retraite.

À me prendre ainsi pour homme d'écriture, je m'autorise à rapporter ici quelques citations gravées pour toujours dans ma mémoire (et non sur l'écorce des arbres quand j'étais gamin...)

L'Homme n'est rien d'autre que ce qu'il se fait
Quand nous délibérons, les jeux sont faits.

J.P. Sartre

Les Montaigne, St Exupery, Malraux, Gide, Camus et Sartre que j'ai lus laborieusement à cause de ma dyslexie dans ma jeunesse ont marqué l'ado que j'étais, heureux de pénétrer dans le monde des adultes à une période où l'on se satisfait de la légèreté la plus élémentaire. J'ai découvert alors que l'on pouvait aussi décupler le plaisir de vivre au-delà de la simple jouissance immédiate, en s'appliquant à **bien** vivre dans un élan volontariste. L'existentialisme m'est apparu alors comme une évidence qui allait m'accompagner toute ma vie, en alimentant mon inconscient, diraient certains, là où je ne vois que conscience.

Être l'auteur de sa vie est la plus naturelle et la plus noble des ambitions.

Les livres nous aident à jouir de la vie, comme la partition que suit le mélomane décuple son plaisir de l'écoute. Le livre est un exhausteur de goût de vivre. Il peut agir comme un révélateur, mettre au jour des sentiments enfouis, exacerber des sens anesthésiés par le quotidien.

Peut-être que ceux qui vivent au plus près de la nature savent s'en passer. La spontanéité au premier degré a ses avantages, mais comme dans la nature elle connaît l'érosion et s'émousse faute d'être boostée (par les livres).

Et puis, cette autre-là, une des plus belles pages de la littérature, très à mon goût et pour cause :

... Y aura jamais une autre femme pour t'aimer comme elle, dans la vie...

C'était sûr. Mais je ne le savais pas. Ce fut seulement autour de la quarantaine que je commençai à comprendre. Il n'est pas bon d'être tellement aimé, si jeune, si tôt. Ça vous donne de mauvaises habitudes. On croit que c'est arrivé. On croit que ça existe ailleurs, que ça peut se retrouver. On compte là-dessus. On regarde, on espère, on attend. Avec l'amour maternel, la vie vous fait à l'aube une promesse qu'elle ne tient jamais. On est obligé ensuite de manger froid jusqu'à la fin de ses jours. Après cela, chaque fois qu'une femme vous prend dans ses bras et vous serre sur son cœur, ce ne sont que des condoléances. On revient toujours gueuler sur la tombe de sa mère comme un chien abandonné. Jamais plus, jamais plus, jamais plus. Des bras adorables se ferment autour de votre cou et des lèvres très douces vous parlent d'amour, mais vous êtes au courant. Vous êtes passé à la source très tôt et vous avez tout bu. Lorsque la soif vous reprend, vous avez beau vous jeter de tous les côtés, il n'y a plus de puits. Il n'y a que des mirages. Vous avez fait, dès la première lueur de l'aube, une étude très serrée de l'amour et vous avez sur vous de la documentation. Partout où vous allez, vous portez en vous le poison des comparaisons et vous passez votre temps à attendre ce que vous avez déjà reçu.

Je ne dis pas qu'il faille empêcher les mères d'aimer leurs petits. Je dis simplement qu'il vaut mieux que les mères aient encore quelqu'un d'autre à aimer. Si ma mère avait eu un amant, je n'aurais pas passé ma vie à mourir de soif auprès de chaque fontaine. Malheureusement pour moi, je me connais en vrais diamants.

Romain Gary

Ces lignes me laissent à chaque fois au bord des larmes (et plus souvent en larmes), ému par la qualité du verbe, par cette langue qui appuie là où ça fait mal, là où ça me fait du bien à moi. Quel bonheur de partager à ce point l'intimité de ce grand bonhomme ! J'ai souvent soumis ces belles lignes à des amis (hommes bien sûr) pour leur faire partager mon plaisir. Aucun ne s'y est reconnu. Je garde donc secrètement en moi ce privilège.

Ces mêmes lignes sont inaudibles et glaciales pour la plupart de mes amies.

Le hasard (ça existe ?) fait que, dans ma jeunesse j'ai régulièrement croisé Romain Gary dans un café du Puerto de Andraitx à Majorque où il venait boire des canons en compagnie du gros Peter Oustinoff. Je crois que si j'avais lu La Promesse de l'Aube à l'époque, j'aurais été l'embrasser (j'aurais profité de l'occasion pour embrasser Jean Seberg au passage).

Bien sûr que je me reconnais dans ces lignes. N'éclairent-elles pas ma dure quête de bonheur auprès des femmes ? Ma mère aussi avait été une mère abusive au point de me priver de mon père, tout comme la mère de Gary l'avait fait avec son père. Elle nous (mon frère et moi) a aussi prodigué un amour exclusif si fort qu'il nous était difficile de lui rendre et, plus tard, devenus adultes, de s'en libérer. Peut-être nous a-t-elle sur aimé et surprotégé, instrumentalisé en somme, pour se faire pardonner de nous avoir caché la vérité et nous maintenir à l'écart du secret, de son mensonge. Je pense cependant qu'elle n'en a jamais eu honte ; sa vérité à elle était plus plausible que la réalité. De même je ne me suis jamais senti instrumentalisé.

J'ai beaucoup aimé mes compagnes, mais le sentaient-elles vraiment ? Par mes maladresses et mon intransigeance, je n'ai pas réussi à leur faire partager mon amour autant que je l'aurais souhaité. Je les ai toutes quittées faute de me sentir suffisamment aimé. Je vais essayer de me tenir tranquille jusqu'à quatre-vingt-dix ans ; au de là ce sera du rab d'amour, mais surtout de vie.

J'ai peur qu'au long de ces pages mon regard sur les femmes soit faussé, car j'ai davantage évoqué leurs travers, comme pour justifier mes séparations, que leurs innombrables qualités pour lesquelles je les ai choisies et tant aimées.

J'ai rendu mes compagnes heureuses et puis malheureuses et au final plus libres.

À la question : Quel personnage auriez-vous aimé être dans une autre vie ?

J'aurais volontiers répondu Romain Gary (plutôt que Mère Térésa comme beaucoup d'amies), pas seulement parce qu'il a fait l'amour avec Jean Segerg, non seulement pour son talent d'auteur et son génie créateur, mais pour cette vie fabuleuse d'un gamin bon à rien devenu pilote de chasse, ambassadeur, compagnon des plus grands ; amant des plus belles femmes, auteur de génie et mystificateur insensé aux deux prix Goncourt et à la fin si grave et digne.

Moi qui toute ma vie ai considéré le suicide comme une lâcheté honteuse, je comprends et admire l'acte d'un Gary comblé par la vie au point d'y mettre fin avant qu'elle se dégrade. Magnifique ! Je n'en aurai jamais le courage et pourtant… J'ai encore le temps de réfléchir.

Aujourd'hui quand je croise dans la rue un copain et qu'à ma question « comment tu vas ? », il me répond « ça va comme un vieux » j'ai envie de lui fiche mon poing dans la figure, au moins pour lui faire comprendre que l'on n'est pas vieux. Peut-être qu'un jour enfin je l'admettrai, mais le plus tard possible. J'ai une chance d'y parvenir, car ma mère était toujours jeune à 95 ans. Mon corps me donne de temps en temps des inquiétudes, les dents, les oreilles, la prostate et surtout mon dos. Après 50 ans de jardinage sans ménagement, je marche définitivement courbé et ma silhouette reflétée dans les vitrines de la rue m'inquiète et me rappelle le père Gaspard ! Heureux ceux qui se tiennent droits dans leurs bottes, moi, il ne me reste plus que les bottes. Une de mes amies préférées me parle gentiment de ma « plicature champêtre ». C'est poétique et ça la fait rire ; pas moi !

J'ai tout compte fait rempli ma vie comme je l'entendais. J'ai composé avec les éléments et avec les autres.

Il m'arrive toutefois d'être étonné d'avoir été adulte. Je ne suis pas sûr d'avoir quitté l'enfance, j'y étais tellement bien. On me reproche encore souvent de me conduire comme un enfant et moi je prends cela pour un compliment. Ai-je à ce point triché avec la vie ? J'y ai savouré ce qu'il y avait de bon à prendre, négligeant « les ennemis et les vastes chagrins qui chargent de leur poids l'existence brumeuse » (Charles Baudelaire).

J'éprouve un ressentiment inversé. Alors que je rencontre de nombreux proches dans un mal être qu'ils attribuent, eux et leurs psys, à une enfance difficile, je me sens honteux et coupable de l'avoir eu si heureuse.

À entendre tout ce monde, je ne serais pour rien dans mon bonheur, je ne le devrais qu'aux autres et à mon enfance heureuse. C'est presque décevant ! (Les psys s'acharnent sur moi)

J'ai aussi eu la chance de n'être pas né avec une cuillère en argent dans la bouche (comme ce bellâtre d'immortel suffisant mort récemment…). Je n'ai hérité d'aucun centime de mes parents, je ne sais d'ailleurs plus de quels parents je parle. J'ai aussi connu et surmonté, en qualité d'artisan, les affres du libéralisme économique et j'ai partagé la vie dure de certains amis. C'est une autre leçon de la vie. Elle nous façonne et nous rend plus humbles.

J'ai ci-devant fait mienne la formule « Le faire fait l'être ». Je dois préciser qu'il ne s'agit pas de trouver son bonheur dans l'hyperactivité. Le « faire » est qualitatif. : fabriquer, concevoir, réaliser, pas seulement de ses mains, accomplir de façon aboutie. L'ouvrier à la chaîne ne réalise rien, ça tâche est trop parcellaire, le dessinateur industriel devant sa planche à dessin peut ne jamais voir la réalisation de son projet. L'enseignant peut ne jamais voir les progrès de ses élèves et encore moins leur devenir. Tous ces gens sont majoritairement enclins à la dépression, s'ils n'ont pas à côté un dérivatif manuel et physique. Le forgeron, le menuisier, le maçon apprécient le fruit de leur travail quotidiennement. Le pilote de ligne qui pose son avion rempli de passagers peut être satisfait de son job. Le jardinage est un merveilleux dérivatif pour qui n'a pas choisi d'en faire son métier. On ne peut pas imaginer exemple d'un geste plus abouti qui va de la graine que l'on sème au fruit que l'on mange en passant par la plante que l'on cultive.

Il n'y a pas de dépressif chez les jardiniers, n'est-ce pas Monsieur le Psy ? De toute façon ils n'ont pas de divan au salon, pas même de salon.

Après une séparation on entend souvent dire « il ou elle a refait sa vie ».

Non, on ne refait jamais sa vie ; une partie est derrière soi, l'autre est à venir. On la mène avec qui veut bien la partager. Je ne saurais vivre seul, tant j'ai besoin de partager. Partager, donner et recevoir, je ne suis rien sans les autres (encore une fois). Je n'ai refait ma vie avec personne, je l'ai seulement poursuivi avec quelqu'un d'autre.

Je me contenterais de dire que j'ai bien eu trois vies conjugales, – vingt ans, il ne s'agit pas d'aventures – trois vies heureuses, quand d'autres n'en ont eu qu'une, tout aussi heureuse bien sûr. Je ne peux plus dire que je les envie, j'admire leur sagesse, tant qu'elle n'est pas résignation. J'approuve leur sobriété.

Mais pourquoi tous ces revirements, ces changements, ces séparations ?

J'ai su profiter avec bonheur des joies offertes. Mais une fois le bonheur dissipé reste la lie et ses plaisirs insatisfaits, ses petites contrariétés, ses rancœurs plus profondes qui se sont décantées, sédimentées. Toutes ses égratignures qui finissent en blessures, je n'ai pas su les pardonner.

Pardonner : on ne peut pas effacer ce qui a été, seuls les amnésiques y parviennent, involontairement. Ce qui a été fait est fait, ce qui a été dit est dit. Pardonner c'est tenter d'effacer l'indélébile, nier ce qui est et renier le pardonné (on ne tient plus compte de ce que tu as fait). Je suis cependant prêt à pardonner toutes formes de maladresses. J'en ai moi-même commis. Et je suis toujours prêt à concilier, pour éviter les conflits que je redoute tant.

Le « pardon » fait que je ne me reconnais pas dans la religion chrétienne. Implorer toute sa vie le pardon de dieu pour avoir commis le péché originel, voilà une pensée qui ne m'a jamais effleuré. Je trouve affligeantes ces processions du même nom « Pardon » où des fidèles endimanchés parcourent la campagne derrière des ecclésiastiques déguisés portant des bannières délabrées en chantant des cantiques à la gloire d'une vierge pourtant mère de dieu.

J'ai du mal à pardonner et je n'ai jamais demandé pardon non plus.

La fidélité : Elle passe chez la plupart, pour une vertu essentielle, une absolue nécessité.

Seuls quelques rares pourfendeurs (et pourfendeuses) la mettent en cause et la considèrent au contraire comme une entrave à la liberté et à l'épanouissement de l'Être. « Les époux se doivent mutuellement fidélité », ai-je dû avancer en qualité d'officier de l'état civil (maire adjoint) lors de célébration de mariage en mairie. J'étais bien mal à l'aise à ordonner ce commandement que je ne respectais pas et pour cause. Non seulement je n'ai jamais été marié, mais cette empreinte judéo-chrétienne dans nos institutions laïques me dérangeait. Elle faisait délit (d'adultère) d'aimer d'amour plusieurs personnes à la fois !

Je serais par contre beaucoup plus sensible à la notion de « Fidélité à un idéal », à l'intégrité qui dicte d'ajuster ses actes à ces valeurs, ne pas retourner sa veste trop facilement.

Quant à la fidélité en amitié, j'y souscris volontiers à condition qu'elle ne soit pas trop aveugle. Dans des circonstances difficiles ou douloureuses, recevoir ou donner du réconfort à un ami, d'aujourd'hui ou bien même d'hier, cela fait tant de bien. Une bonne accolade c'est tellement bon.

En période de crise, lors d'affrontements verbaux, quand rien ne va plus entre nous, des voix m'ont quelques fois dit « mais remets-toi en cause ! ». Je reconnais ne pas comprendre le sens de cette proposition. On met cinquante ans à se construire et du jour au lendemain, devoir se renier me paraît difficile à imaginer. On peut tout au plus infléchir quelques tendances, mettre fin à ces mesquineries dont on a encombré une vie et qui mériteraient d'être effacées.

Je suis, par exemple, désespérément désordonné, pire, l'ordre m'exaspère et je ne supporte pas les maniaques. Bordélique comme je suis, je me sens constamment cerné de maniaques.

Jusque dans les jardins, je me sentais menacé par l'ordre. C'est ainsi que dans mon métier de paysagiste, j'ai dû lutter toute ma carrière contre l'ordre et l'idée couramment répandue qu'un jardin est beau parce qu'il est propre. « C'est un beau jardin ! » signifie pour la majorité d'entre nous qu'il est bien entretenu, net et propre. Est-ce l'ancestral Jardin à la Française qui pousse encore bien des Français à aligner les fleurs au cordeau dans des parterres dressés au carré autour de leur pavillon propret ?

Dans les jardins publics aussi, un cahier des charges drastique somme les jardiniers de ramasser (bruyamment) les feuilles mortes (que tant de poètes ont chantées) sous les arbres et dans les massifs, alors qu'elles tombent là pour fournir l'humus nécessaire à la croissance de la plante mère. Toutes ces pratiques ne laissent aucune place à la biodiversité. Tous ces espaces manquent d'un petit coin de nature sauvage, concédé aux soi-disant mauvaises herbes et aux papillons, abeilles, sauterelles, hérissons et orvets. Les jolis coucous, pâquerettes, pissenlits, chélidoines, colchiques, coquelicots et autres orties blanches mériteraient d'être réhabilités. Les désherbants, les fauchages et autres tontes abusives ne leur laissent aucune chance de s'épanouir et de nous séduire. « Ein Garten ist kein Badzimmer ! » – un jardin n'est pas une salle de bain – m'avait clairement enseigné un stagiaire allemand.

Au nom du propre et du sanitairement convenable dans la maison aussi, on souille et gaspille l'eau source de vie. Si chaque homme sur terre prenait une douche tous les jours comme le font certains de mes proches, la vie deviendrait vite impossible et la nature n'y résisterait pas longtemps. À mes yeux : Aseptiser, c'est tuer le vivant et endommager nos défenses naturelles. Combien de fois ai-je récupéré dans ma poubelle un yaourt périmé d'un jour pour le manger et parfaire ma flore digestive ? Je me sens menacé par les abrutis qui affichent des Dates Limites de Consommation sur les fromages au lait cru et bientôt sur les vins, tous ces produits qui n'attendent qu'à vieillir pour être appréciés.

C'est l'origine de bien des dissensions dans mon couple. Je trouve toujours plus urgent et plus primordial à faire que de ranger, mettre en ordre et au propre. Je m'engage régulièrement à faire des progrès, tant je crains les conflits.

J'ai même changé ma façon de tenir le balai dans la maison. Nous autres, cantonniers et jardiniers poussons le balai, devant soi, alors que la ménagère le tire, sur le côté, avec un léger déhanchement. C'est paraît-il, plus efficace, de toute manière ma méthode l'énerve, elle préfère l'aspirateur. Moi j'y suis allergique, il me rappelle trop la maudite tondeuse.

Mais, fermer les tiroirs et les portes de placards n'est sans doute pas ce que l'on entend par me remettre en cause. Je devine qu'à travers cette requête, on me demande de faire preuve de plus d'empathie. Je reconnais honteusement avoir ignoré même le mot et son sens toute ma vie jusqu'à ces dernières années. « Faculté intuitive de se mettre à la place d'autrui, de percevoir ce qu'il ressent ». Eh bien cela ne doit pas être intuitif chez moi. Je proclame pourtant à qui veut l'entendre que je ne suis rien sans les autres, pour lesquels je peux même avoir de la compassion, mais l'empathie me demande beaucoup d'effort. Je me demande si cela ne viendrait pas de ma mère qui en était incapable.

Admettre que l'autre pense différemment, c'est faire preuve de tolérance. J'en suis bien sûr partisan, à la condition que cela mène au débat. Il n'y a rien de plus fructueux. Je suis prêt à me faire l'avocat du diable dans toutes les discussions si cela peut faire progresser le débat. Mais il s'agit cette fois d'admettre que l'autre ne ressent pas comme soi. Certes, tant que l'on ne me demande pas de partager ses sentiments, et en général d'admettre son mal-être. Là j'aurais du mal.

Plus sérieusement et au-delà de mon nombril, à l'heure des bilans, je crois à la nécessité d'une remise en cause écologique de notre mode de vie. Notre génération sera montrée du doigt dans les prochaines décennies comme celle qui a honteusement endommagé la planète en pillant ses ressources naturelles et en saccageant la nature.

Je ne crois malheureusement pas, dans ce domaine, à une réaction spontanée du citoyen consommateur qui se priverait pour le bien des autres. Les réformes écologiques viendront d'en haut, des experts scientifiques, pas même des politiques. Qui voterait pour celui qui nous promettrait de nous priver de ce qu'on a mis des siècles à inventer pour améliorer notre bien-être ? Je ne crois pas aux vertus de notre économie libérale fondée sur la consommation et la croissance. Il y a urgence. Nous n'échapperons pas à la nécessité d'un état fort pour contrer les pouvoirs de l'argent qui nous mènent dans le mur pour le seul profit. Nos politiques sont impuissants face aux ogres du CAC40 et aux monstres d'Internet. Notre président a supprimé l'ENA qui l'a menée au pouvoir, mais n'a pas entendu les recommandations populaires des commissions citoyennes qu'il avait instaurées. Cancre, je n'ai jamais aimé les premiers de la classe, même quand ils crachent dans la soupe, comme celui-là. Un gouvernement qui subventionne des constructeurs automobiles qui continuent à produire des véhicules trop lourds roulant à plus de 200 km/h alors qu'il a limité la vitesse à 130, manque du plus élémentaire bon sens. Ce n'est pas crédible. Une société où un footballeur gagne plus qu'un éboueur pose question. Une société où un footballeur gagne 1000 fois ce que gagne un éboueur finira mal.

Mais quel régime pourrait répondre à mes attentes et avoir suffisamment d'autorité pour imposer le virement écologique incontournable sans sombrer dans le totalitarisme ? Les régimes totalitaires ont jusqu'à présent mené leur pays au chaos après avoir fait des millions de morts, la Shoah d'une part, le goulag d'autre part. Les libéraux comptent sur le progrès et les technologies pour résoudre les problèmes, alors que ces mêmes technologies ruinent la planète. Les démocraties, pourtant soucieuses du problème, piétinent et ne seront pas dans les temps faute d'efficacité à contrer les pouvoirs de l'argent et les obis dont elles sont complices (privatisations). Les citoyens ne se convertiront qu'une fois au fond du trou, trop tard, alors que faire ?

Soumettre l'exécutif à un pouvoir d'experts scientifiques indépendants (s'il en existe) et progresser par décrets avec ou sans le consentement des citoyens, de préférence avec. Dommage que l'on ne puisse compter sur la prise de conscience et la responsabilité de chacun dans un régime d'autogestion.

Cette société me donne en permanence le sentiment de vivre au-dessus de mes moyens, alors qu'ils sont modestes et que je m'efforce de consommer sobrement. Avoir troqué mon break Subaru de 220 cv à quatre roues motrices contre une Twingo de 10 ans d'âge ne suffira certainement pas. Pas plus que mes 100 bornes hebdo à vélo.

Mon « Vélo, bobo, écolo ! » n'est qu'une échappatoire burlesque au méchant « Métro, Boulo, Dodo ! » de 68.

Je rêve souvent à cet extraordinaire mouvement d'union nationale de l'après-guerre initié par un comité de salut public et qui a instauré les plus grandes avancées sociales et économiques de notre temps et que nos dirigeants s'évertuent à nous présenter comme des charges encombrantes qu'ils mettent régulièrement en cause (Sécurité sociale, retraite, droit du travail, nationalisation des banques et des moyens de production vitaux, et sauvegarde des biens communs : l'eau, les mines, la forêt, l'électricité, les transports, le service public). En 1968, j'avais 20 ans et il me reste un merveilleux souvenir de ces moments d'exaltation où les rêves gonflent les cœurs et que l'utopie prend le pouvoir. Les trente glorieuses nous promettaient une société de consommation à nous donner l'indigestion. Jusqu'à vingt ans, on avait tout reçu de la société avec indolence, il était temps de prendre enfin notre destin en main. Une révolte gaie où le sérieux se parait d'humour pour être crédible.

De Gaulle même était maître en la matière, on racontait qu'en passant devant l'inscription « MORT AUX CONS » peinte sur les murs de la Sorbonne, il aurait dit à Malraux, flanqué à ses côtés : « vaste programme ! »

Le rire est le plus court chemin d'un homme à un autre de Wolinski, était l'adage de circonstance. Je ne suis pas devenu gaulliste pour autant. Nul doute que l'on se sent instantanément proche de celui ou celle qui rit des mêmes choses que soi. La connexion est aussi tôt établie. Un clin d'œil, un petit sourire suffisent et valent plus que de longues déclarations.

Je ne peux m'empêcher de relater mes souvenirs des récitals de Brassens quand, mort de trac, il lâchait enfin la gauloiserie que son public attendait, avec un petit sourire à la clé en forme d'excuse (il n'y a qu'à vous que j'ose dire de telles choses) qui rendait la salle complice de ses grivoiseries comme de ses confidences amoureuses. Un sourire, une plaisanterie avaient provoqué les rires et réuni en un clin d'œil des milliers de personnes.

À chaque fois que je ris, j'ai la sensation de prolonger ma vie d'autant, comme pour m'assurer que le plaisir durera. Avec mon ami le plus cher, on s'adresse régulièrement et alternativement, la brève du jour pour aborder la journée du bon pied. Comme celle de ce matin « *Ce mec il fait tellement de citations que c'est un coucou de l'esprit* », réservé aux ornithologues lettrés. Ça nous fait rire d'autant plus que d'autres ne la comprennent pas.

Dire qu'il y a des gens qui ne rient jamais, ceux-là ne feront pas de vieux os !

J'entends beaucoup parler autour de moi de méditation. Je ne sais rien de cette pratique. Ma compagne me répète que ce n'est pas grave. « Tu médites quand tu jardines dans ton potager », comme monsieur Jourdain en somme. Je m'offre aussi un temps calme maintenant que je ne travaille plus. Après chaque repas je m'isole dans le jardin, pour rouler une cigarette, comme nous le faisions jadis sur les chantiers à la pause de dix heures en mettant bas les manches. Mes amis qui me traitent de rebelle disent : « toi, Loïc, tu as la volonté de ne pas t'arrêter de fumer ». Je le revendique en effet. Je n'ai jamais été dépendant. Je n'en fume que deux par jour, il m'arrive même d'oublier. Quoi qu'en dise la médecine, je vais jusqu'à penser qu'elles me font du bien (je n'avale pas la fumée). C'est un moment privilégié que je m'accorde et plus particulièrement le soir, à la tombée du jour, quand mon rouge-gorge vient me saluer après les heures passées ensemble au potager et gobe au vol les derniers moucherons avant le balai des chauves-souris et l'envol des martinets là-haut, quand le merle siffle une dernière mélopée et que les étoiles et la lune s'allument. Un plaisir simple, inaltérable et au combien rédempteur ; de quoi oublier qu'un jour une mère a caché à son fils chéri que l'homme qui l'a élevé et qu'il a tant aimé était son père.

Je finis alors mon verre de gniole, avant de rentrer à la maison où m'attendent un bon livre et puis ma belle.

Tandis que le reste du monde est rivé à un écran.

Merci à ceux qui m'ont donné le jour… et la nuit.

Et remerciements à toutes celles et tous ceux qui m'ont permis d'être…

La liste est trop longue.

Jean Pierre Stock avec ses deux enfants dans les bras en 1947 avant son départ pour le Venezuela.

Je suis le bébé…

Post-scriptum n°1

Au moment d'adresser mon manuscrit à quelques éditeurs, j'ai eu comme un remords ; j'avais pourtant banni le mot de mon vocabulaire. J'ai pensé à un ultime filon pour comprendre enfin les raisons du mensonge de ma mère et de la connivence complice de toute une famille.

Pourquoi avoir attendu le dernier moment ?

Comment n'y ai-je pas pensé avant !

Jusqu'à la révélation du secret à ma cinquantaine, je n'ai jamais eu le moindre soupçon à l'égard de mes parents. La belle histoire d'amour que nous racontait notre mère avec son mari défunt nous satisfaisait. Elle avait assuré pleinement son rôle de chef de famille (y compris aux côtés de l'oncle Paul).

Quand ce dernier est parti, je n'avais aucune raison de demander des comptes à ma mère. L'omerta qu'elle avait décrétée nous interdisait de poser la moindre question à son sujet et nous n'avions d'ailleurs pas la moindre envie d'en savoir plus sur celui qu'elle décrivait comme un personnage devenu infréquentable, un fieffé salop aux dires de la délaissée. Mais aujourd'hui, je sais qu'il est aussi mon père, je peux dire combien je l'aimais alors que tous sont morts, je désire en savoir un peu plus sur lui et sur les étranges relations qui liaient mes deux pères…

Il y a quelques années j'avais raconté mon secret de famille qui n'en était plus un, à un ami le beau-père de mon fils qui mettait alors un pied dans la famille. Féru de généalogie, il s'était aussitôt lancé à la recherche d'éléments relatifs à l'oncle Paul et à sa famille. C'est ainsi qu'il m'a adressé les coordonnées du dernier témoin de cette époque, Gilles P. un fils de son premier mariage. C'était le seul membre de la famille P. que j'avais rencontré dans mon enfance. Quand j'avais une dizaine d'années, il en avait une vingtaine. Il avait séjourné plusieurs fois à nos côtés et je m'en souviens très bien.

J'allais donc tenter de le joindre. Jamais j'avais osé le faire avant de peur de passer pour le fils caché qui réclamerait un dû, celui qu'on s'efforce d'oublier parce qu'il rappelle trop de mauvais souvenirs. N'était-ce pas à cause de ma naissance que leur père les avait quittés ? Je pouvais très bien passer aux yeux de Gilles pour un rival ; son père l'avait abandonné à l'âge de 10-12 ans pour moi (et surtout pour ma mère).

Jusqu'au dernier moment, devant l'appareil téléphonique, je craignais sa réaction. Un refus m'aurait anéanti et culpabilisé. Je voulais seulement parler et surtout qu'il me parle. Mais était-il seulement vivant ?

À la troisième sonnerie, une voix d'homme répond :

— Bonjour j'écoute.

— Bonjour j'aimerais parler à Gilles P.

— C'est de la part de qui ?

— Un ami d'enfance.

— qu'elle est votre nom ?

— Loïc Stock, vous êtes Gilles P. ?

— Oui, ça alors quelle surprise ! (d'une voix tremblante).

— Je crois qu'à l'époque on se tutoyait.

— Oui bien sûr.

— Je suis en train d'écrire des souvenirs d'enfance et je voudrais te les soumettre.

— Bonne idée.

— Je vais t'envoyer le manuscrit et puis on verra.

— Je te le retournerai.

S'en sont suivis quelques échanges chaleureux, carrière, famille et nos adresses au plaisir de se revoir.

En bondissant de joie, j'ai aussitôt mis un exemplaire sous enveloppe et couru à la poste. La lettre jointe disait :

Cher Gilles,

Je t'adresse comme convenu ce manuscrit auto biographique où je me pose bien des questions sur ma filiation. Je pense qu'il ne s'agit pas de révélations pour toi, mais sait-on jamais ?

Tu devrais connaître les réponses aux questions que je me pose et tu es désormais le seul, avec la disparition de nos aînés, qui puisse y répondre. Si tu n'en sais pas davantage, sache que ce n'est pas grave. J'ai vécu soixante-quinze ans sans savoir et sans traumatisme.

J'ai beaucoup aimé ton père et c'est avec émotion que nous pourrions l'évoquer ensemble. J'ignore tout de tes rapports avec lui : heureux, malheureux ou inexistants. Je ne sais ce qu'il est devenu quand il nous a quittés nous aussi. Dans tous les cas, nous ne sommes responsables de rien, rien de ce qu'ont fait nos parents, au point que nous ne puissions les évoquer ensemble en toute loyauté.

Je serai absent de mon domicile et de sa boîte aux lettres une grande partie de septembre. Je pars vers le sud à travers le centre et pourrais faire un quelconque détour pour te rencontrer.

Cet écrit n'est qu'une entrée en matière, pour grave qu'elle soit, qui suggère une entrevue cordiale.

Je suis heureux d'avoir osé t'appeler.

À bientôt.
Loïc

Il était mon aîné de dix ans, soit environ quatre-vingt-cinq ans. Lui savait tout. Il avait été élevé avec ses frères et sœurs jusqu'à l'âge de douze ans par son père Paul (comme moi). Il avait connu les rapports entre nos deux familles amies avant les séparations, ennemies après. Que savait-il des contrats passés entre les deux hommes, les deux maris, les deux pères ? Savait-il seulement que nous étions frères, fut-ce par moitié ou lui avait-on caché à lui comme à moi et peut-être même à JP Stock qui m'a reconnu comme son fils ? Gilles avait revu son père à la maison, chez nous et cela me paraissait normal, je ne revendiquais aucune exclusivité, bien au contraire j'avais alors toute raison de me sentir en marge ?

J'allais enfin tout savoir, tout comprendre, effacer deux cents pages de doute, de soupçon, d'erreur et de mensonge. Ce serait la rencontre de ma vie, avec ma vie originelle, dans un tête-à-tête entre demi-frères à parler de leur père disparu.

Mon enthousiasme était sans borne.

Quelques jours après j'ai reçu le SMS :

« Ai posté ce jour ton recueil en retour.

Aucune suite à donner n'étant pas concerné par la famille Stock.

Fin de l'épisode.

Bonne continuation.

Gilles »

Dans le style – je ne discute pas avec un bâtard-ce SMS m'a abasourdi. M'en veut-il d'avoir aimé son père, lui qui l'a détesté ? J'ai tout de même répondu :

« Dur, j'espère qu'au moins tu as lu.

J'avais pensé qu'avec le temps nous aurions été capables d'éclaircir cet imbroglio familial et d'évoquer ensemble notre père commun.

Nous ne sommes pas responsables de ce qu'ont fait nos parents

Dommage »

De retour chez moi j'ai bien trouvé dans ma boîte à lettres parmi les PV collectionnés pendant mon périple et autres factures l'enveloppe contenant mon manuscrit. Gilles avait daigné joindre un petit mot où il ne m'apprenait rien que je ne sache déjà si ce n'est que son père n'avait pas divorcé de sa mère pour épouser la mienne pour des raisons religieuses comme j'ai pu le laisser entendre. Paul venait régulièrement chez eux pour réclamer le divorce (dans des scènes douloureuses) que leur mère lui refusait pour ne pas lui accorder une nouvelle virginité.

Il voulait donc épouser maman !

Gilles prétendait aussi que c'était ma mère, forte femme de caractère (ça je le savais), qui avait profité de la faiblesse de son père et l'avait attiré jusqu'en Allemagne avec ses deux enfants.

J'ai tout de même répondu :

« Je lis seulement aujourd'hui, après un mois d'absence, ton petit mot joint à l'envoi en retour de mon manuscrit.

Je tenais à t'en remercier, tant j'avais été ébranlé par la sècheresse de ton SMS. J'ai bien compris que tu n'avais aucune envie d'évoquer ces moments douloureux pour toi et ta famille. Sache que ma mère et ses deux enfants ont connu les mêmes difficultés après le départ de Paul.

Nous devons beaucoup à nos mères.

Enfin savais-tu que Loïc Stock n'était pas le fils de J P Stock ? Moi je ne l'ai appris qu'a cinquante ans ? »

Il ne m'a jamais répondu, une façon de refermer le couvercle que j'avais entrouvert et d'étouffer l'affaire de la famille Stock, s'il y en avait une…

Tout conte fait (ce n'est pas une coquille), ma mère ne m'a jamais menti. Mentir par omission n'est pas mentir, elle a juste oublié de dire, et a gommé ce qui dérangeait : Elle avait trompé son mari, son mari était dès lors soupçonné d'impuissance et son amant abandonnait sa propre famille. Le tableau n'était pas reluisant.

Non, l'enfant qu'elle portait dans son ventre ne pouvait être que de son mari qui l'avait aussitôt reconnu en mairie, lui avait donné son nom et a posé en photo avec lui dans ses bras pour la postérité. Dans ses lettres qu'il envoyait du Venezuela où nous devions le rejoindre, il demandait toujours des nouvelles de ses enfants. Elle s'est alors offert un amant avec lequel elle est partie en Allemagne quelques années. Quand son mari est mort au Venezuela trois ans plus tard, ils sont revenus en France dans un joli coin de Normandie où ils ont élevé ensemble ses deux enfants à elle. Ils vécurent heureux et moi le premier.

On oublie le mensonge, cette nouvelle réalité devient vérité évidente et bien naturelle. On enterre le mari au Venezuela, car même mort il aurait été encombrant ici-bas. Ma mère toute sa vie, y compris aux côtés de Paul P. a signé Madeleine Veuve J P Stock. Quand Paul a disparu, elle a élevé seule ses enfants avec beaucoup de mérite, d'application et d'amour.

Après tout Gilles, ce fourbe qui se tait comme tous les autres, a raison : les P. n'ont rien à voir avec cette belle histoire que m'a racontée ma maman. Paul P. n'est qu'un personnage de roman : L'amant de la mère, et moi je peux signer L. Stock sans trembler.

Mais pourquoi **D**. m'a-t-elle dit un jour que ce joli conte n'était qu'affabulation de toute la famille où elle avait du mal à faire sa place ? Était-ce pour m'accabler davantage ou pour me soulager d'un fardeau… que je n'avais jamais porté ?

Les mensonges ont droit d'être cités (ce n'est pas une coquille).

Et tous les secrets ne méritent pas d'être dévoilés !

Post-scriptum n°2

Une vieille amie de la famille, Danielle, a pris contact avec moi alors que je ne l'avais pas vue depuis l'enterrement de ma mère, il y a plus de vingt ans. Ses parents étaient les amis les plus intimes du couple Madeleine et Jean Pierre Stock avec lequel ils avaient partagé les durs moments de l'occupation allemande puis jusqu'à leur mort une correspondance assidue et très abondante. Sa mère morte à plus de cent ans et ma mère disparue à quatre-vingt-quinze ans ont entretenu des rapports épistolaires jusqu'au bout. Leur fille, aujourd'hui âgée de quatre-vingt-cinq ans, prenait opportunément contact avec moi tandis qu'elle mettait de l'ordre dans les papiers de famille. Elle détenait ainsi toute leur correspondance et les photos d'époque. Non seulement elle savait tout de l'imbroglio de ma naissance qu'elle avait vécu, mais disposait des documents.

Les deux familles après l'exode s'étaient rencontrées à St Etienne et vivaient dans deux appartements mitoyens d'un même petit immeuble en centre-ville. Le déroulement des événements était bien celui qu'on m'avait dévoilé, mais le regard était tout différent ; c'était celui de Jean Pierre Stock, qui écrivait beaucoup et avec beaucoup de talent. Si ma naissance avait fait le bonheur de ma mère, elle avait fait le malheur de cet homme.

Ses nombreuses lettres qu'elle m'a transmises révélaient un être beaucoup plus délicat que l'image que je m'étais faite à travers les récits familiaux. Il se montrait sensible et particulièrement attentionné. J'ai découvert combien il était préoccupé par l'éducation de mon frère, qu'il venait d'adopter avec sa femme, ce bébé d'origine inconnue puisque né sous X. À chaque fois qu'il en est séparé, il s'inquiète de son éveil, interroge sur sa moue sur une photo et se réjouit d'un sourire sur une autre, veille en permanence à son développement. Quand sa femme qu'il aimait s'est trouvée enceinte de son ami Paul, il n'a pas même manifesté de méchanceté, bien que blessé, meurtri, il s'est montré très délicat et prêt à porter secours.

Ma mère est allée accoucher à Paris auprès d'un de leurs amis chirurgien et loin de cette province cancanière. Ce qui m'explique pourquoi sur ma carte d'identité figure Paris XXe comme lieu de naissance au sujet duquel ma mère a toujours été évasive ; la famille vivait alors en pleine Auvergne. L'ex-modèle de haute couture et l'attaché de commerce y avaient fait un retour un peu forcé à la terre depuis quelques années. Jean Pierre Stock y était resté seul le temps de l'épreuve pour faire tourner, tant bien que mal et avec beaucoup de peine, la ferme familiale. Il avait été agent commercial chez Peugeot et Philips avant la guerre et ne savait rien du maniement d'un cheval de labour ou de l'élevage de cochons. Le couple avait récemment dû quitter St Etienne sous la pression des voisins (les parents de Danielle) parce que lui fabriquait des postes émetteurs pour joindre Londres et elle, protégeait une famille juive, juste en face du siège de la Gestapo. Pendant la période troublée de ma naissance, J P Stock avait confié le petit Stéphane aux parents de Danielle, laquelle fut désignée marraine. Le papa de Danielle, ingénieur des Arts et Métiers venait régulièrement de St Etienne à la ferme pour réparer et inventer des machines agricoles et repartait avec les produits de la ferme qui se faisaient rares en ville. Les deux hommes étaient très amis.

Sa femme est revenue à la ferme avec son très beau bébé, selon ses propres dires. À Paris elle m'avait difficilement fait appeler Loïc, prénom exclusivement breton, méconnu des services de l'état civil parisien. C'était assurément en souvenir des leurs nombreuses vacances passées là-bas et des longs moments nus sur le sable à tenter en vain de faire un bébé ; j'ai les clichés ! En second prénom j'ai été baptisé Genest – saint Auvergnat – en référence plus discrète à Paul, l'ami de la famille, auvergnat authentique. N'ayant pas pu être reconnu par ce dernier, déjà marié et père de six enfants, j'ai été reconnu par défaut en quelque sorte par Jean Pierre Stock qui selon ses propres dires voulait me transmettre ce patronyme autrement plus digne que X, comme il l'avait déjà fait pour Stéphane mon frère, né et adopté dans le pays Stéphanois. Il a manifesté là une âme très généreuse, je pense aujourd'hui que c'était par amour pour sa femme, ma mère. Il l'a aussi admise un certain temps dans le foyer familial, mais j'ignore dans quel état d'esprit, car Paul rôdait alentour sur sa noble monture.

Dès 1947 l'année de ma naissance, ma mère part avec ses deux enfants pour l'Allemagne où Paul P lui a trouvé du travail dans une mission de l'état français liée aux dédommagements de guerre ; il vit à ses côtés, à nos côtés, loin des siens, restés eux aussi en Auvergne.

J'ai découvert avec surprise dans ses courriers adressés aux parents de Danielle que Jean Pierre Stock s'était rendu en Allemagne, sans doute pour voir ses enfants, surtout son fils Stéphane qu'il avait élevé et chéri pendant trois ans, plus que Loïc qui avait un père sur place. Mais il parle aussi de moi dans ses lettres avec beaucoup de gentillesse et se félicite de me voir bien « profiter ».

C'est de Mars 1948 que date la photo énigmatique de Jean Pierre Stock, large sourire et clope au bec posant avec ses deux enfants dans les bras. Elle a été prise en Forêt-Noire et non en Auvergne, par je ne sais qui ! Nous y étions en vacances avec Paul P. Dans ses lettres mon père Jean Pierre parle du bonheur qu'il a à se retrouver en famille !

Dans *le tourbillon de la vie,* deux beaux hommes aiment la même très belle femme refusant de faire un choix dans un coin retiré de Forêt Noire. C'est tout *Jules et Jim* de Truffaut !

J'évoque avec beaucoup de légèreté cette période parce que je n'en ai que peu de souvenirs. J'avais moins de trois ans. La maison et le bruit de la rivière dans les faubourgs de Baden-Baden, notre gentille logeuse qui faisait office de nourrice quand maman était au bureau, la chienne Soya, les sapins décorés à la Saint-Nicolas, la neige… Je n'ai aucun souvenir d'homme à la maison, peut-être les voyait-elle au-dehors. Elle nous a préservé mon frère et moi de tous les tourments qui accablaient tous ceux qui nous entouraient.

J'ai ainsi découvert que les deux hommes, mes deux pères, avaient aussi des relations de travail en Allemagne à l'initiative du père Paul.

Et quand je tombe sur des lettres du père Jean Pierre, datant de juin 48 affranchies au Venezuela, elles mentionnent aussi des rapports commerciaux. J P Stock en quête de situation outre-Atlantique tentait de faire des affaires avec l'office dirigé par P et avec le père de Danielle, concepteur de machine-outil. L'intégrité et le sérieux de Stock se heurtaient à la légèreté des Français (qu'il avait aussi quittés pour cette raison) et à l'expansionnisme des USA en Amérique latine.

Pourquoi le Venezuela ? D'après Danielle il ne supportait pas en France l'ambiance de l'après-guerre, ses règlements de compte, la justice expéditive, les femmes tondues (lui qui avait pardonné la sienne), le laxisme dans les affaires, sans oublier ses déceptions personnelles. Il retrouvait là-bas des amis partis en pionnier pour « faire fortune ». Il y survécut difficilement et ne fit pas plus fortune que ses amis. Au point qu'au bout de deux ans de galère, abandonnant les affaires, il participa à une expédition d'exploration en Amazonie. Ils trouvèrent tout juste assez d'or et de diamant pour payer leurs dettes. Pendant tout ce temps, il avait maintenu sa correspondance (à travers des postes restantes au fin fond de la jungle) avec sa femme auprès de laquelle il ne cesse de s'inquiéter du bien-être de *ses enfants*. Fidèle à ses amis de St Etienne qui lui manquent aussi, il leur adresse un courrier régulier et abondant, toutes ces lettres passionnantes qu'ils viennent de me confier. Accablé par les échecs et les déconvenues, il rêve d'une vie primitive dans la nature sauvage, loin des hommes. Il est mort quelques mois après son retour à Caracas d'un cancer foudroyant de la cigarette (du tabac bleu exclusivement !) et peut être un peu de désespoir…

J'ai le sentiment après ce récit que cette famille, celle de Danielle, a conservé toute cette correspondance pendant plus de soixante-dix ans pour me la confier un jour. Ce jour est arrivé alors que Danielle, le dernier témoin est près de la sortie de scène (Seine lui conviendrait tout aussi bien, car elle a toujours vécu au bord du fleuve où son mari avait fait son métier des péniches). Toute sa famille était au courant du secret de ma naissance et l'avait jusqu'à ce jour respecté pour rester fidèle à leurs amis de toujours, Madeleine et Jean Pierre. Quelle chance pour moi que ce secret leur soit devenu trop lourd à porter. J'ai ainsi pu faire mieux connaissance avec ce dernier dont ma mère me parlait souvent sans que je la croie vraiment alors qu'elle partageait sa vie avec l'oncle Paul. J'ai enfin eu des éléments de réponse à la question restée sans réponse à ce jour : quels étaient les rapports entre mes deux pères ?

Danielle et sa famille ne portaient pas Paul dans leur cœur. Il le nommait d'ailleurs P. de son patronyme et jamais Paul dans leur correspondance. Il avait été à leurs yeux celui qui avait cassé le couple de leurs amis, en profitant de la faiblesse de Madeleine perdue à la campagne et épuisée par les travaux de la ferme (alors que Gilles prétendait le contraire) et réciproquement l'ex-mannequin avait dû user de ses charmes pour séduire le gentleman voisin lors des cours de monte à cheval qu'il lui prodiguait après les travaux des champs. Lors de notre rencontre, Danielle avait du mal à admettre qu'il ait sauvé ma mère après la mort de J P Stock et qu'il ait pu faire notre bonheur le temps qu'ils furent ensemble.

Je n'en veux toujours pas à ma mère de m'avoir caché la vérité, mais je crois aujourd'hui avoir compris pourquoi. Le mensonge de ma mère était exact et je l'ai cru sans le moindre doute pendant cinquante ans. L'homme de sa vie était bien J P Stock. Nous devions bien aller le rejoindre au Venezuela si ses projets avaient abouti.

Mais *le tourbillon de la vie,* mais surtout la mort en a décidé autrement. Je pense que toute libertaire qu'elle était, elle avait des remords de l'avoir trompé, fût-ce pour lui offrir un enfant. Le tumulte passé (sa liaison avec Paul P) elle a élevé leurs enfants comme un sacerdoce, un chemin de croix en quelque sorte auquel j'ai assisté sans jamais pouvoir la soulager de ce fardeau qu'elle nous a caché toute sa vie, toute notre vie.

Ma mère *qui portait des bagues à chaque doigt* aurait préféré que l'enfant qu'elle portait, que l'enfant qu'elle avait mis au monde, soit de lui, et lui aussi. C'est pourquoi il m'a aussitôt adopté. Dans sa correspondance nous sommes ses enfants. Ma mère toute sa vie a voulu, et encore davantage après le départ de Paul, que nous soyons les enfants Jean Pierre Stock et elle a fini par le croire. Elle n'a jamais eu le sentiment de trahir en nous mentant et ses hommes ont été ses complices : Stock en posant sur la photo et P. pour ne m'avoir jamais avoué qu'il était mon père. Se soumettaient-ils à ses conditions ou était-ce par amour pour la femme qu'ils aimaient ?

Vérité et mensonge se confondent dans une troublante affabulation. Mon enfance dorée aux côtés de l'oncle Paul sur les bords de l'Eure a tout d'un rêve dans un monde enchanté et pourtant c'est une réalité et je l'ai vécu pour mon plus grand bonheur.

Ici maintenant, quand on me demande de parler de mes parents, je suis de plus en plus embarrassé. J'évoque désormais le couple Madeleine Stock/Paul P., celui qui a vécu ici, où j'ai passé mon enfance, où j'ai vécu. J'ai curieusement le sentiment de trahir quelqu'un et de mentir – ce n'est pas ce qui est écrit sur le livret de famille – alors qu'en réalité je rétablis la réalité, celle qu'on m'a cachée.

Ma réalité à moi est plus subtile : j'ai deux pères. De Pierre Victor Stock, mon grand-père qui m'a légué tous les souvenirs de la famille à Leilani, ma petite fille, mon arbre généalogique a émis des ramifications et des greffes aux prénoms chargés d'histoire : Madeleine, Paul, Jean Pierre, Stéphane, Loïc, Frédéric, Sylvain, Nathanael. Tous des Stock ! Sauf Paul sans qui je n'aurais pas vécu et raconté mon histoire… sans jamais pleurer.

Imprimé en Allemagne
Achevé d'imprimer en août 2023
Dépôt légal : août 2023

Pour

Le Lys Bleu Éditions
40, rue du Louvre
75001 Paris

www.ingramcontent.com/pod-product-compliance
Lightning Source LLC
LaVergne TN
LVHW010551160826
845677LV00013B/3086